MiniMax 1

Förderheft Teil B

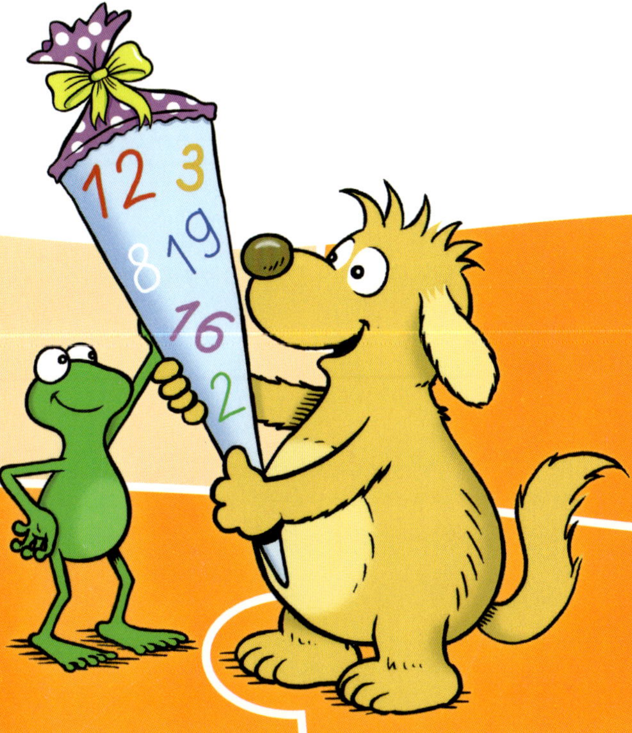

Inhaltsverzeichnis

Dokumente zum Arbeitsheft online und in der App verfügbar!
1. Auf schueler.klett.de registrieren
2. QR Code der Seite oder t87d59 einlösen
3. Digitale Medien online nutzen oder in die Klett Lernen App laden

Für Lösungen diesen QR-Code oder 6qw4vg eingeben:

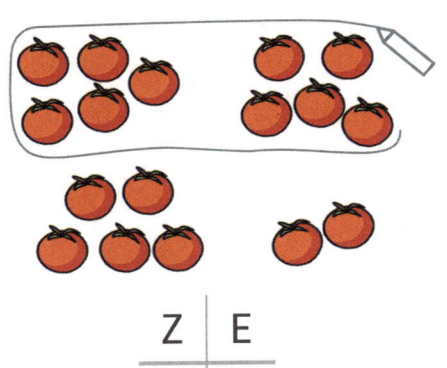

Z	E
1	7

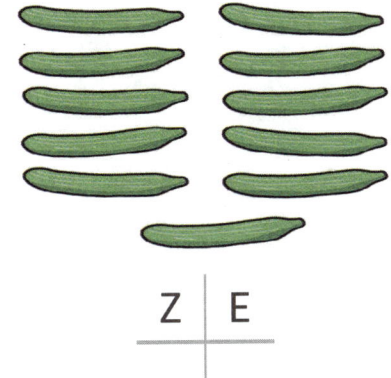

Z	E

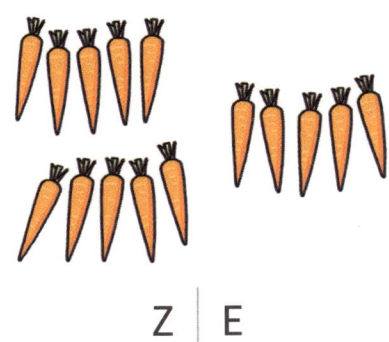

Z	E

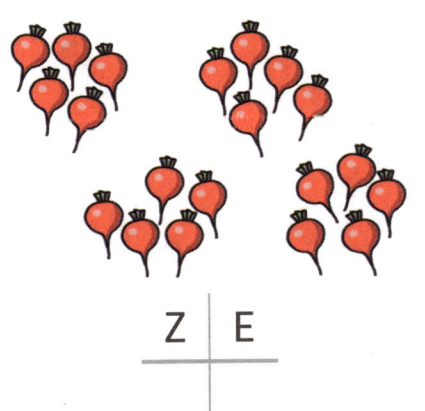

Z	E

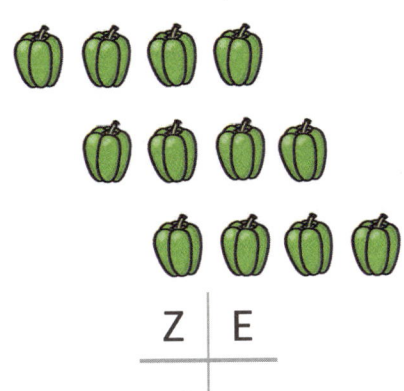

Z	E

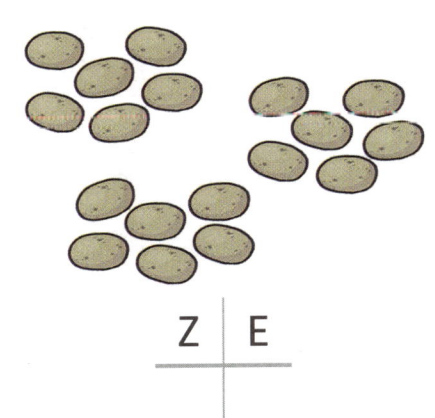

Z	E

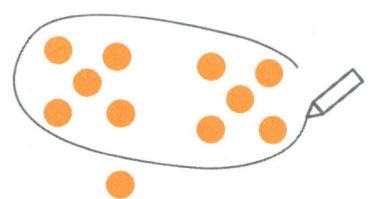

Z	E
1	1

Z	E

Z	E

Z	E

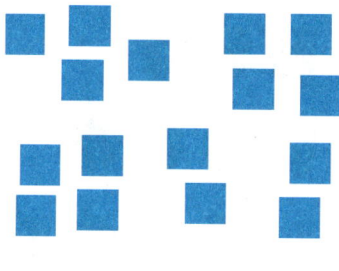

Z	E

Z	E

Themenheft B, S. 5

Z | E

Z | E

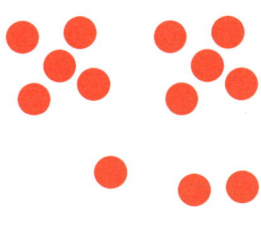

Z | E

Z | E

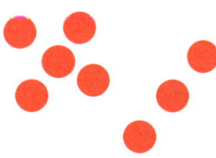

Z | E

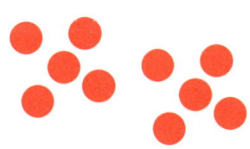

Z | E

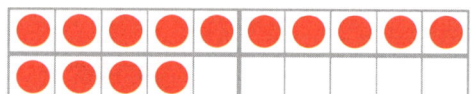

Z	E
1	4

1 Z 4 E   14

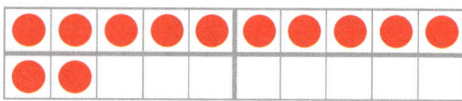

Z	E

_ Z _ E ____

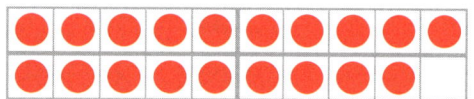

Z	E

_ Z _ E ____

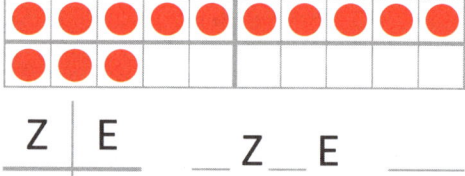

Z	E

_ Z _ E ____

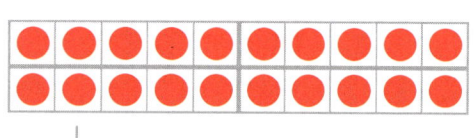

Z	E

_ Z _ E ____

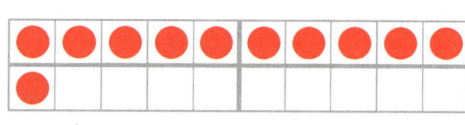

Z	E

_ Z _ E ____

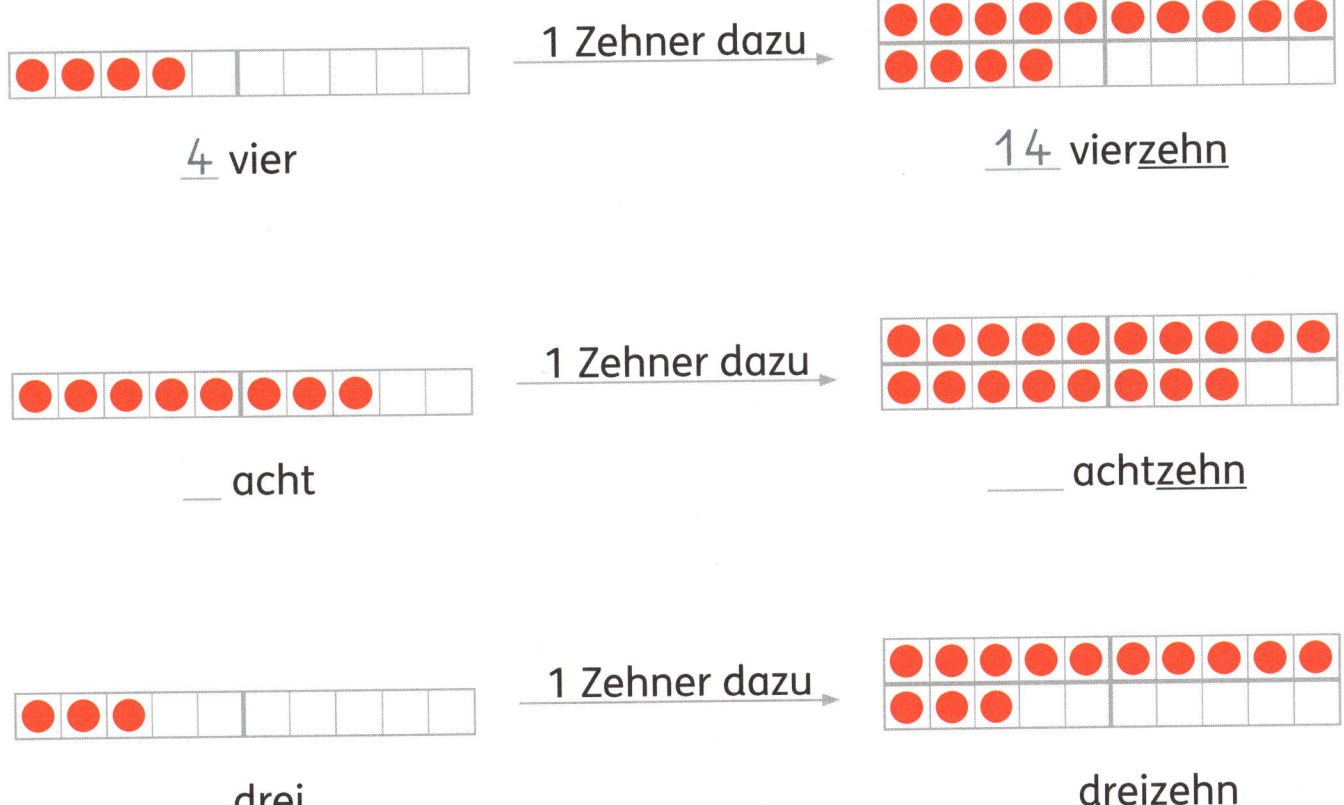

1 Zehner dazu

4 vier

14 vierzehn

1 Zehner dazu

__ acht

__ achtzehn

1 Zehner dazu

__ drei

__ dreizehn

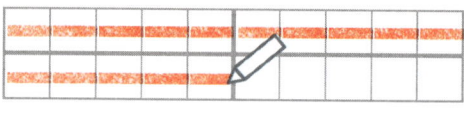

15

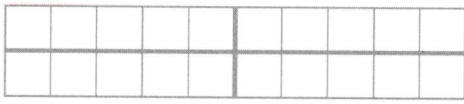

19

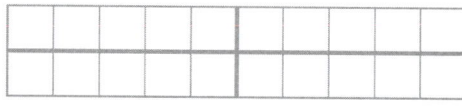

11

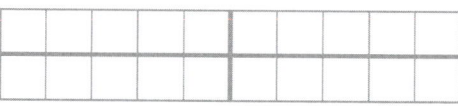

16

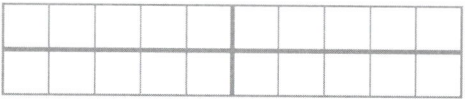

12

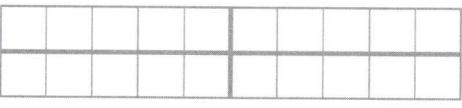

14

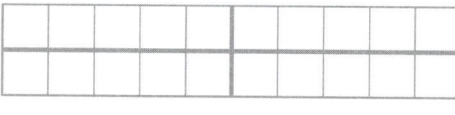

13

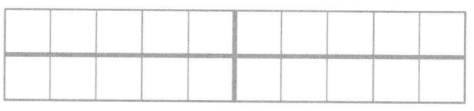

20

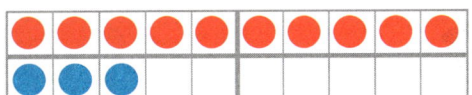

$$10 + 3 = 13$$

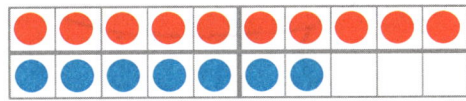

$$10 + \boxed{} = \boxed{}$$

$$10 + \boxed{} = \boxed{}$$

$$10 + \boxed{} = \boxed{}$$

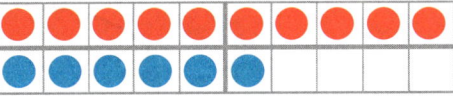

$$10 + \boxed{} = \boxed{}$$

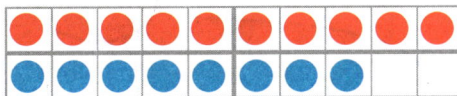

$$10 + \boxed{} = \boxed{}$$

$$10 + \boxed{} = \boxed{}$$

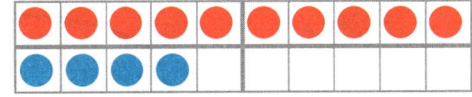

$$10 + \boxed{} = \boxed{}$$

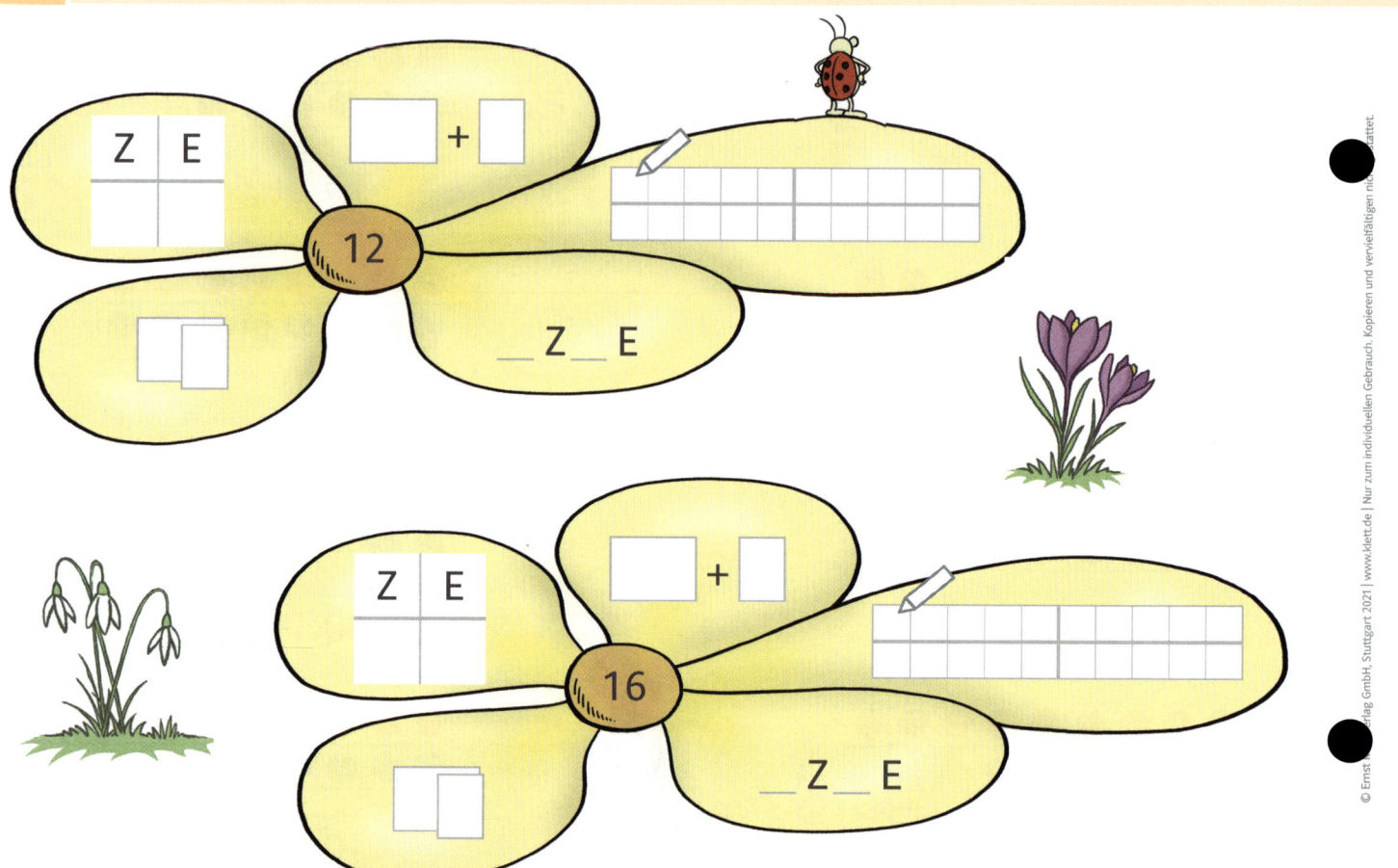

Themenheft B, S. 10

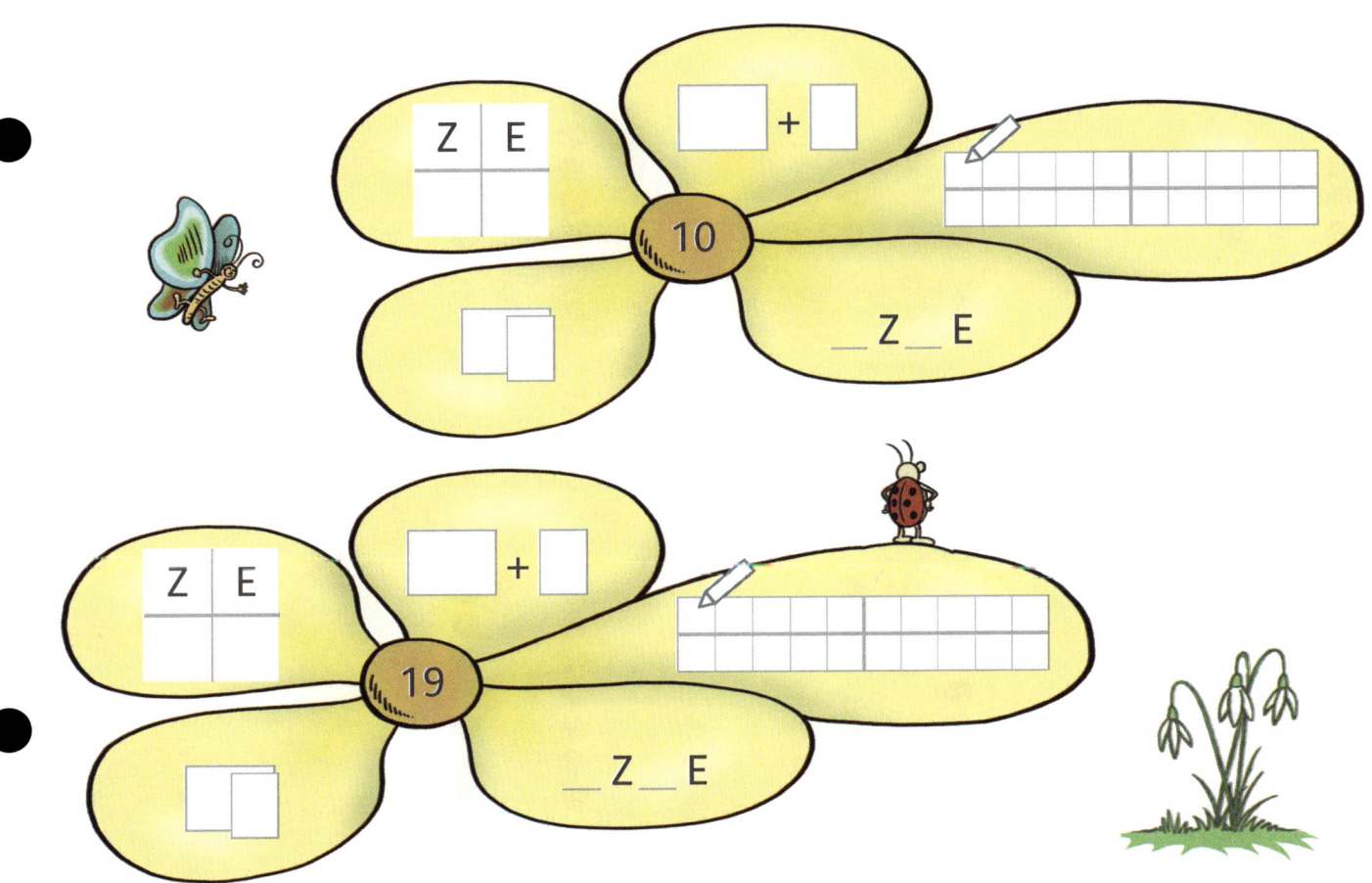

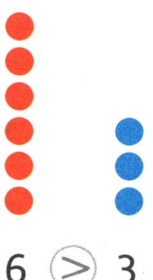 6 (>) 3

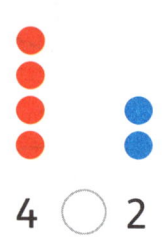 4 ◯ 2

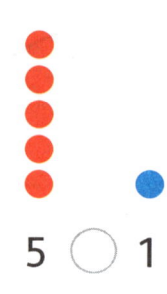 5 ◯ 1

 4 ◯ 7

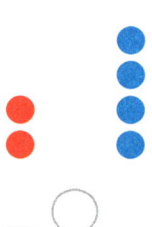 ___ ◯ ___

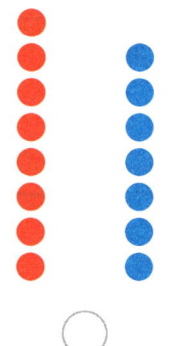 ___ ◯ ___

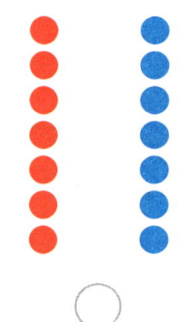 ___ ◯ ___

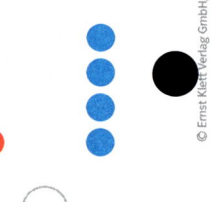 ___ ◯ ___

Themenheft B, S. 12

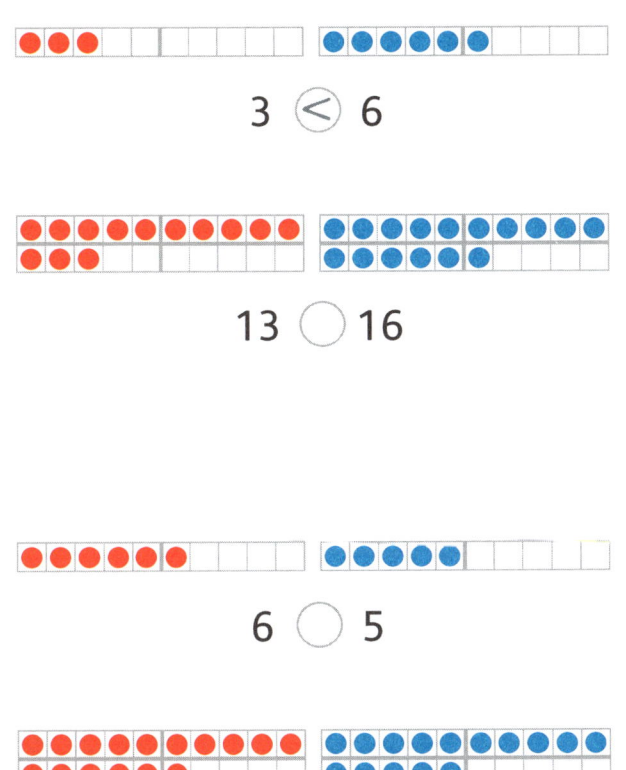

3 < 6

13 ◯ 16

6 ◯ 5

16 ◯ 15

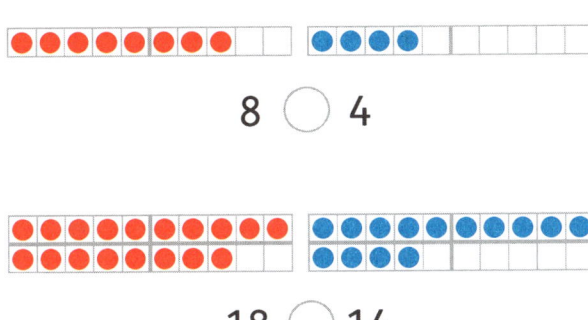

8 ◯ 4

18 ◯ 14

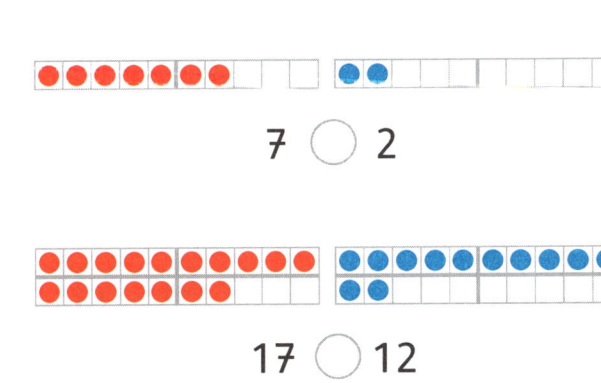

7 ◯ 2

17 ◯ 12

Ordne.

| ~~3~~ | ~~2~~ | 6 |

__2__ < __3__ < ___

| 8 | 10 | 4 |

___ < ___ < ___

| 5 | 7 | 6 |

___ < ___ < ___

| 11 | 14 | 13 |

___ < ___ < ___

| 20 | 10 | 19 |

___ < ___ < ___

| 14 | 16 | 12 |

___ < ___ < ___

| ~~9~~ | 1 | ~~7~~ |

__9__ > __7__ > ___

| 5 | 4 | 8 |

___ > ___ > ___

| 8 | 9 | 0 |

___ > ___ > ___

| 13 | 10 | 12 |

___ > ___ > ___

| 11 | 18 | 13 |

___ > ___ > ___

| 17 | 15 | 16 |

___ > ___ > ___

Lob-Stopp!

Zahlen bis 20

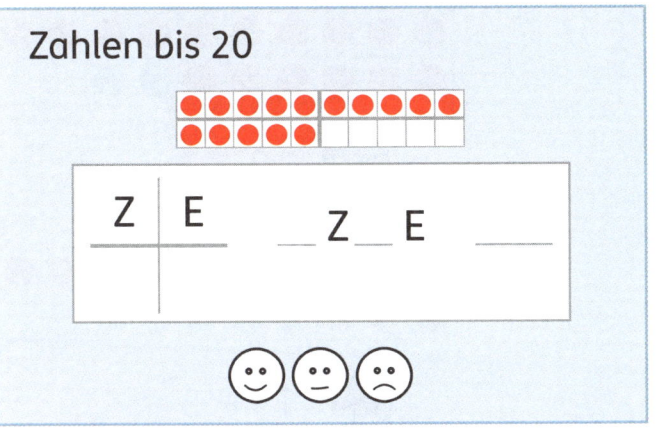

Z	E		_ Z _ E _

Zahlen darstellen

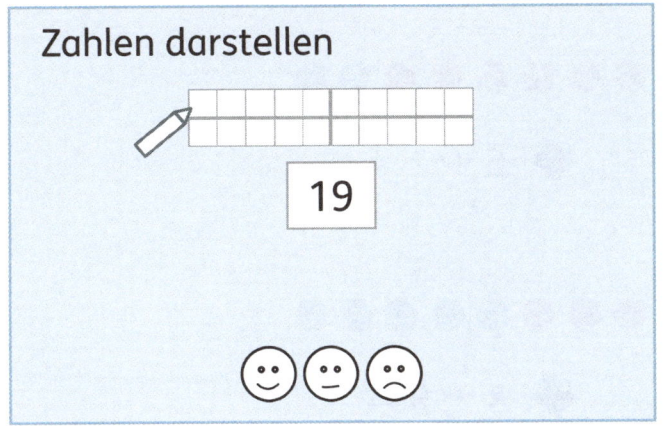

19

Vergleichen

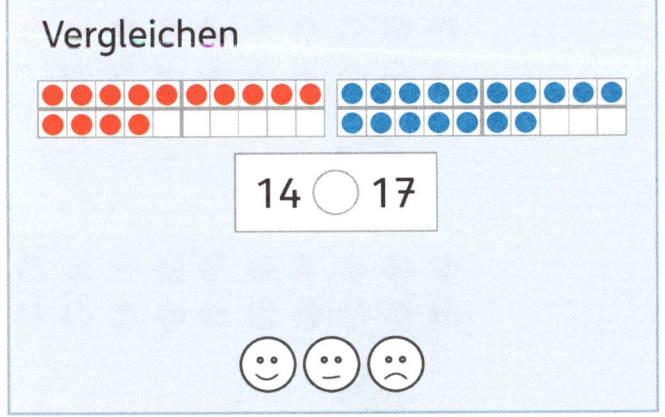

14 ◯ 17

Ordnen

| 14 | 11 | 17 |

___ < ___ < ___

Spitze, _____ !

Plusaufgaben

🐸 $6 + 2 = \underline{8}$

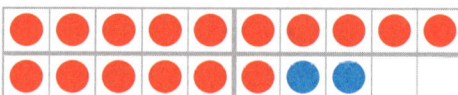

🐕 $16 + 2 = \underline{\hspace{1.5em}}$

🐸 $3 + 5 = \underline{\hspace{1.5em}}$

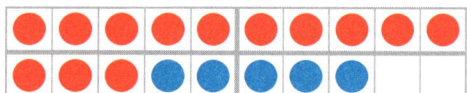

🐕 $13 + 5 = \underline{\hspace{1.5em}}$

🐸 $\underline{\hspace{1em}} + \underline{\hspace{1em}} = \underline{\hspace{1em}}$

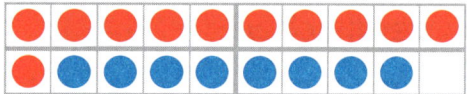

🐕 $\underline{\hspace{1em}} + \underline{\hspace{1em}} = \underline{\hspace{1em}}$

🐸 $\underline{\hspace{1em}} + \underline{\hspace{1em}} = \underline{\hspace{1em}}$

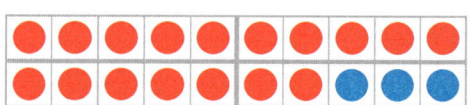

🐕 $\underline{\hspace{1em}} + \underline{\hspace{1em}} = \underline{\hspace{1em}}$

3 + 6 = ____

 4 + 1 = ____

 5 + 5 = ____

 13 + 6 = ____

 14 + 1 = ____

15 + 5 = ____

 1 + 7 = ____

 9 + 0 = ____

 1 + 3 = ____

 11 + 7 = ____

19 + 0 = ____

 11 + 3 = ____

 0 + 2 = ____

 6 + 4 = ____

 2 + 3 = ____

 10 + 2 = ____

16 + 4 = ____

 12 + 3 = ____

 4 + 3 = ____

 5 + 3 = ____

 9 + 1 = ____

14 + 3 = ____

15 + 3 = ____

 19 + 1 = ____

Plusaufgaben

Rechne Aufgabe und Tauschaufgabe.

| 2 |
| 17 |

$2 + 17 = \underline{}$
$17 + 2 = \underline{19}$

Rechne zuerst
die leichte
Aufgabe.

| 5 |
| 11 |

$5 + 11 = \underline{}$
$11 + 5 = \underline{}$

| 3 |
| 14 |

$3 + 14 = \underline{}$
$14 + 3 = \underline{}$

| 6 |
| 13 |

$6 + 13 = \underline{}$
$13 + 6 = \underline{}$

| 1 |
| 18 |

$1 + 18 = \underline{}$
$\underline{} + \underline{} = \underline{}$

| 8 |
| 12 |

$\underline{} + \underline{} = \underline{}$
$\underline{} + \underline{} = \underline{}$

Themenheft B, S. 21

18   16   17   19

17 + 2

12 + 4

3 + 16

8 + 11

15 + 1

13 + 3

5 + 12   14 + 3   16 + 1

1 + 17   14 + 4   13 + 5

Minusaufgaben

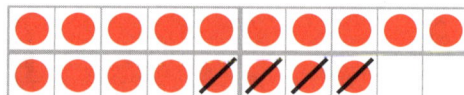

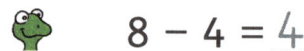 8 − 4 = 4

 18 − 4 = ___

 5 − 1 = ___

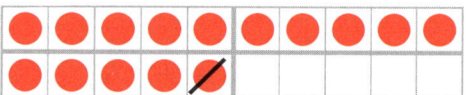 15 − 1 = ___

 ___ − ___ = ___

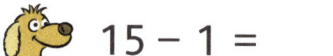

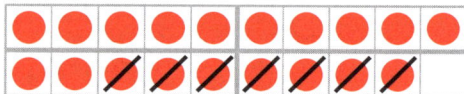 ___ − ___ = ___

 ___ − ___ = ___

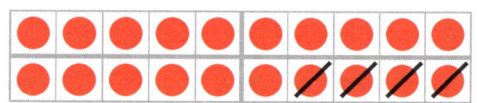 ___ − ___ = ___

Minusaufgaben

 9 − 6 = _____
 19 − 6 = _____

 5 − 3 = _____
 15 − 3 = _____

 6 − 2 = _____
 16 − 2 = _____

 4 − 1 = _____
 14 − 1 = _____

 10 − 5 = _____
 20 − 5 = _____

 7 − 3 = _____
 17 − 3 = _____

 1 − 0 = _____
 11 − 0 = _____

 6 − 5 = _____
 16 − 5 = _____

 9 − 7 = _____
 19 − 7 = _____

 8 − 6 = _____
 18 − 6 = _____

 3 − 2 = _____
 13 − 2 = _____

 7 − 7 = _____
 17 − 7 = _____

© Ernst Klett Verlag GmbH, Stuttgart 2021 | www.klett.de | Nur zum individuellen Gebrauch. Kopieren und vervielfältigen nicht gestattet.

D01 oder t87d59

Rechne Aufgabe und Umkehraufgabe.

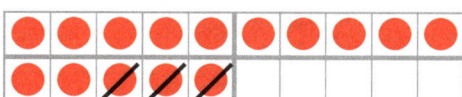

$15 - 3 = \underline{\hphantom{00}}$

$\underline{\hphantom{00}} + 3 = \underline{\hphantom{00}}$

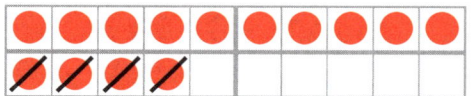

$14 - 4 = \underline{\hphantom{00}}$

$\underline{\hphantom{00}} + 4 = \underline{\hphantom{00}}$

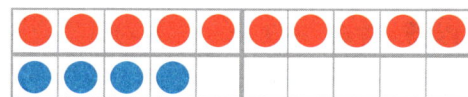

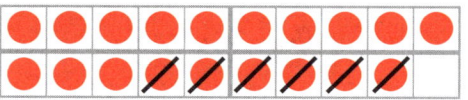

$19 - 6 = \underline{\hphantom{00}}$

$\underline{\hphantom{00}} + 6 = \underline{\hphantom{00}}$

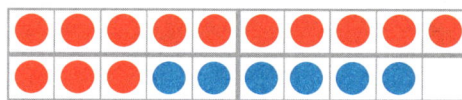

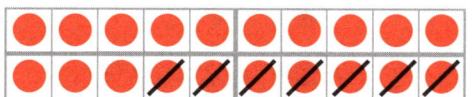

$20 - 7 = \underline{\hphantom{00}}$

$\underline{\hphantom{00}} + 7 = \underline{\hphantom{00}}$

Minusaufgaben

16 12 15 14 13

20 – 4
18 – 2

14 – 2
17 – 5
18 – 6
16 – 3
15 – 2

18 – 3
17 – 2
16 – 1
19 – 5
18 – 4

3 + 3 = _____

2 + 2 = _____

5 + 5 = _____

1 + 1 = _____

4 + 4 = _____

6 + 6 = _____

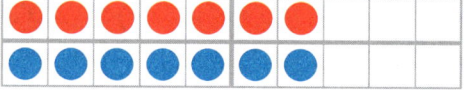

7 + 7 = _____

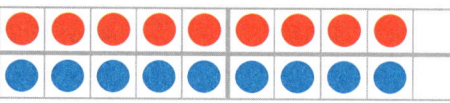

9 + 9 = _____

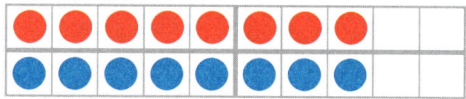

8 + 8 = _____

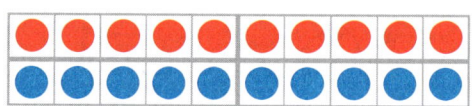

10 + 10 = _____

D01  oder t87d59

Halbiere.

Klebe auf.

Notiere die Aufgabe.

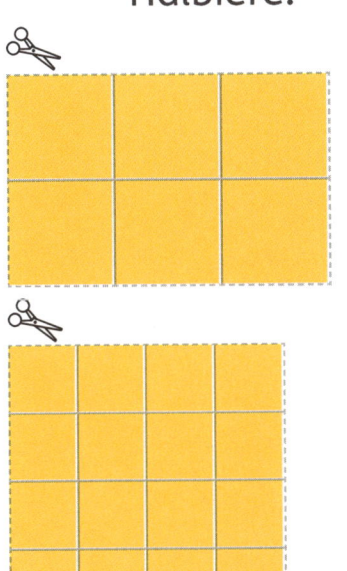

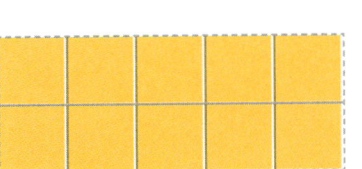

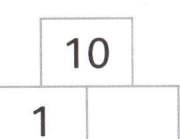
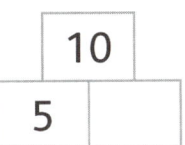
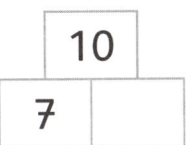
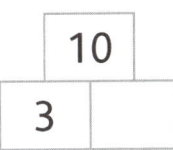
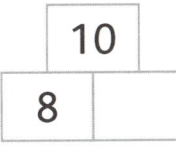

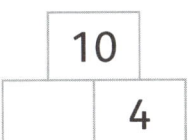
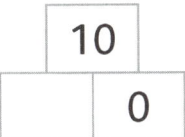
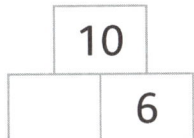
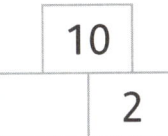

Zehnerübergang: Plusaufgaben

$$7 + 8 = 15$$
$$7 + 3 = 10$$
$$10 + 5 = 15$$

$$8 + 6 = \underline{}$$
$$8 + \underline{} = 10$$
$$10 + \underline{} = \underline{}$$

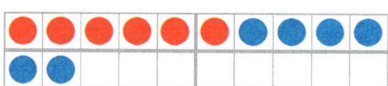

$$9 + 4 = \underline{}$$
$$9 + \underline{} = 10$$
$$10 + \underline{} = \underline{}$$

$$7 + 9 = \underline{}$$
$$7 + \underline{} = 10$$
$$10 + \underline{} = \underline{}$$

$$5 + 9 = \underline{}$$
$$5 + \underline{} = 10$$
$$10 + \underline{} = \underline{}$$

$$6 + 6 = \underline{}$$
$$6 + \underline{} = 10$$
$$10 + \underline{} = \underline{}$$

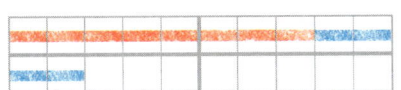

$$8 + 4 =$$

$$8 + \_\_ = 10$$

$$10 + \_\_ = \_\_\_$$

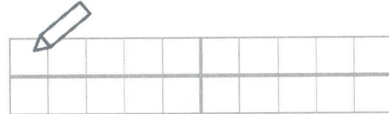

$$7 + 5 =$$

$$7 + \_\_ = 10$$

$$10 + \_\_ = \_\_\_$$

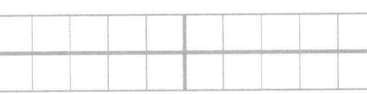

$$8 + 8 =$$

$$8 + \_\_ = 10$$

$$10 + \_\_ = \_\_\_$$

$$7 + 7 =$$

$$7 + \_\_ = \_\_\_$$

$$\_\_ + \_\_ = \_\_$$

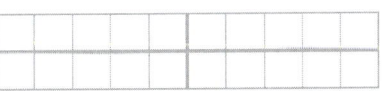

$$6 + 7 =$$

$$6 + \_\_ = \_\_\_$$

$$\_\_ + \_\_ = \_\_$$

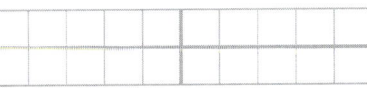

$$2 + 9 =$$

$$2 + \_\_ = \_\_\_$$

$$\_\_ + \_\_ = \_\_$$

Lege und rechne.

3 + 9 = _____

3 + __ = 10

10 + __ = _____

9 + 9 = _____

9 + __ = 10

10 + __ = _____

8 + 7 = _____

8 + __ = 10

10 + __ = _____

9 + 5 = _____

9 + __ = _____

__ + __ = _____

4 + 9 = _____

4 + __ = _____

__ + __ = _____

6 + 5 = _____

6 + __ = _____

__ + __ = _____

Zehnerübergang: Plusaufgaben

Lege und rechne.

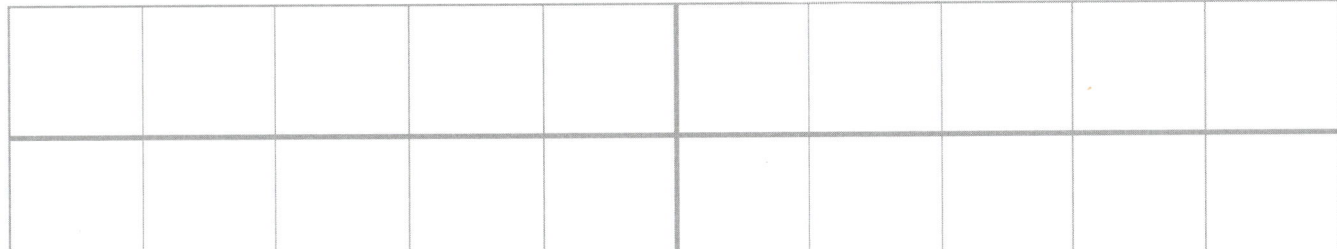

4 + 8 = ___

4 + __ = 10

10 + __ = ___

7 + 7 = ___

7 + __ = 10

10 + __ = ___

9 + 7 = ___

9 + __ = 10

10 + __ = ___

8 + 5 = ___

8 + __ = ___

__ + __ = ___

4 + 7 = ___

4 + __ = ___

__ + __ = ___

2 + 9 = ___

2 + __ = ___

__ + __ = ___

9 + 7 = _____

____ + __ = ____

____ + __ = ____

7 + 4 = _____

____ + __ = ____

____ + __ = ____

9 + 2 = _____

____ + __ = ____

____ + __ = ____

5 + 8 = _____

____ + __ = ____

____ + __ = ____

7 + 6 = _____

____ + __ = ____

____ + __ = ____

8 + 5 = _____

____ + __ = ____

____ + __ = ____

2 + 2 = ____

6 + 6 = ____

4 + 4 = ____

8 + 8 = ____

Themenheft B, S. 37

die Verdopplungsaufgabe	die Nachbaraufgabe

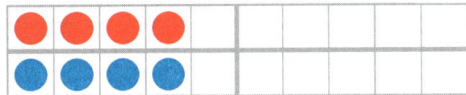

4 + 4 = _____

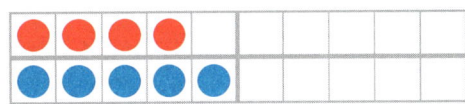

4 + 5 = _____

5 + 5 = _____

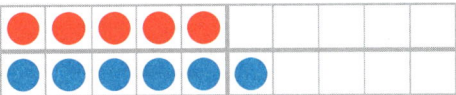

5 + 6 = _____

6 + 6 = _____

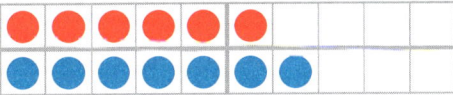

6 + 7 = _____

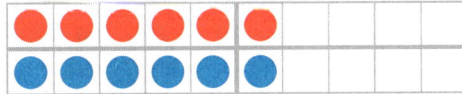

7 + 7 = _____

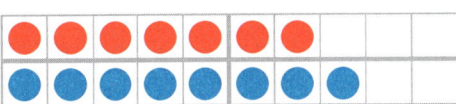

7 + 8 = _____

Zehnerübergang: Plusaufgaben

3 + 10 = _____
3 + 9 = _____

4 + 10 = _____
4 + 9 = _____

5 + 10 = _____
5 + 9 = _____

7 + 10 = _____
7 + 9 = _____

8 + 10 = _____
8 + 9 = _____

2 + 10 = _____
2 + 9 = _____

9 + 10 = _____
9 + 9 = _____

6 + 10 = _____
6 + 9 = _____

1 + 10 = _____
1 + 9 = _____

___ + 10 = _____
___ + 9 = _____

10 − 2 = __   10 − 3 = __   10 − 0 = __

10 − 7 = __   10 − 8 = __   10 − 9 = __

10 − 4 = __   10 − 6 = __   10 − 5 = __

17 − __ = 10

14 − __ = 10

9

18 − __ = 10

Immer 2 gehören zusammen.

2

5

19 − __ = 10

16 − __ = 10

7

11 − __ = 10

6

12 − __ = 10

8

15 − __ = 10

1

4

Themenheft B, S. 47

Zehnerübergang: Minusaufgaben

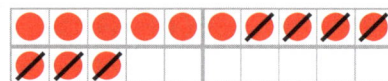

13 − 7 = 6

13 − 3 = 10

10 − 4 = 6

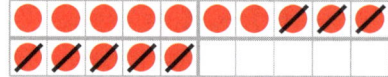

15 − 8 = ___

15 − ___ = 10

10 − ___ = ___

14 − 6 = ___

14 − ___ = 10

10 − ___ = ___

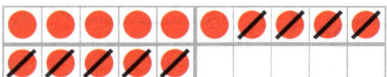

15 − 9 = ___

15 − ___ = 10

10 − ___ = ___

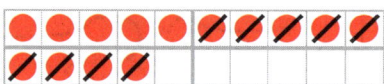

14 − 9 = ___

14 − ___ = 10

10 − ___ = ___

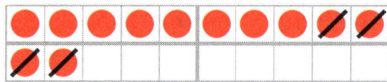

12 − 4 = ___

12 − ___ = 10

10 − ___ = ___

Zehnerübergang: Minusaufgaben

11 − 5 = _____

11 − __ = 10

10 − __ = _____

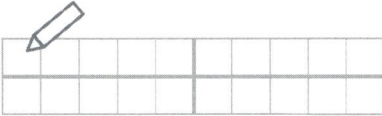

12 − 9 = _____

12 − __ = 10

10 − __ = _____

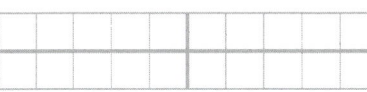

13 − 6 = _____

13 − __ = 10

10 − __ = _____

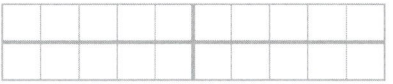

16 − 9 = _____

16 − __ = _____

__ − __ = _____

16 − 8 = _____

16 − __ = _____

__ − __ = _____

17 − 9 = _____

17 − __ = _____

__ − __ = _____

Lege und rechne.

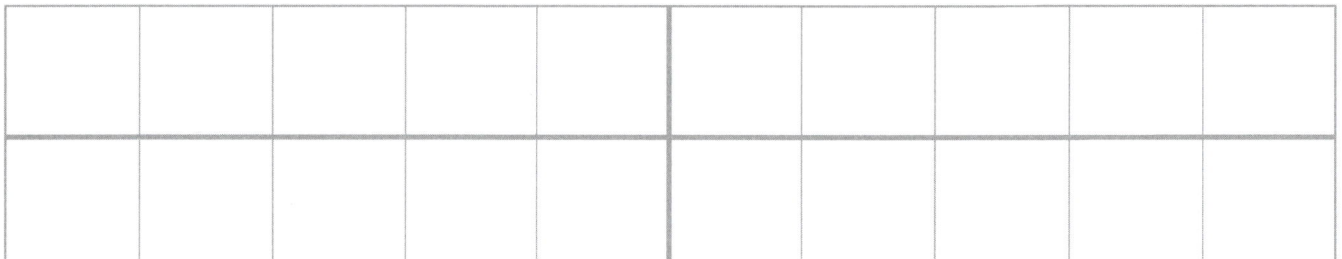

11 – 4 = _____

11 – __ = 10

10 – __ = ___

12 – 7 = _____

12 – __ = 10

10 – __ = ___

14 – 5 = _____

14 – __ = 10

10 – __ = ___

13 – 4 = _____

13 – __ = ___

___ – __ = ___

11 – 2 = _____

11 – __ = ___

___ – __ = ___

12 – 8 = _____

12 – __ = ___

___ – __ = ___

Themenheft B, S. 49

© Ernst Klett Verlag GmbH, Stuttgart 2021 | www.klett.de | Nur zum individuellen Gebrauch. Kopieren und vervielfältigen nicht gestattet.

Lege und rechne.

12 − 4 =

12 − __ = 10

10 − __ = ____

14 − 6 =

14 − __ = 10

10 − __ = ____

13 − 5 =

13 − __ = 10

10 − __ = ____

13 − 6 =

13 − __ = ____

__ − __ = ____

11 − 5 =

11 − __ = ____

__ − __ = ____

15 − 8 =

15 − __ = ____

__ − __ = ____

13 − 9 = _____

___ − __ = _____

___ − __ = _____

11 − 3 = _____

___ − __ = _____

___ − __ = _____

17 − 8 = _____

___ − __ = _____

___ − __ = _____

14 − 8 = _____

___ − __ = _____

___ − __ = _____

12 − 6 = _____

___ − __ = _____

___ − __ = _____

13 − 5 = _____

___ − __ = _____

___ − __ = _____

4 − 2 = _____
14 − 7 = _____

8 − 4 = _____
18 − 9 = _____

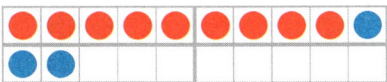

12 − 9 = __ , denn 9 + __ = 12

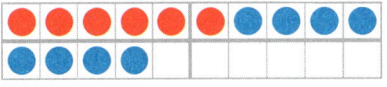

14 − 6 = __ , denn 6 + __ = 14

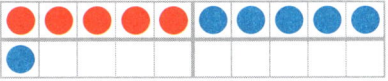

11 − 5 = __ , denn 5 + __ = 11

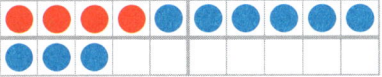

13 − 4 = __ , denn 4 + __ = 13

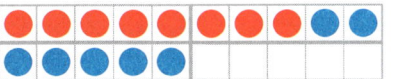

15 − 8 = __ , denn 8 + __ = ___

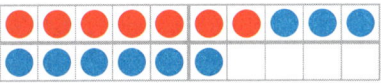

16 − 7 = __ , denn 7 + __ = ___

Plus- und Minusaufgaben üben

	10		
4		6	

4	7
4	8
4	9

9	9
8	9
7	9
6	9
5	9

15	
5	

15	
6	

15	
7	

15	
8	

15	
9	

18	
	9

16	
	8

14	
	7

12	
	6

10	
	5

D01 oder t87d59

Haus 1 (5 / 2 / 3)

$2 + 3 = 5$

$3 + \underline{} = \underline{}$

$5 - 3 = \underline{}$

$5 - \underline{} = \underline{}$

Haus 2 (8 / 7 / 1)

$7 + 1 = \underline{}$

$1 + \underline{} = \underline{}$

$8 - 1 = \underline{}$

$8 - \underline{} = \underline{}$

Haus 3 (10 / 2 / 8)

$2 + 8 = \underline{}$

$8 + \underline{} = \underline{}$

$10 - 8 = \underline{}$

$10 - \underline{} = \underline{}$

Haus 4 (16 / 9 / 7)

$9 + 7 = \underline{}$

$\underline{} + \underline{} = \underline{}$

$16 - 7 = \underline{}$

$\underline{} - \underline{} = \underline{}$

Haus 5 (15 / 10 / 5)

$10 + 5 = \underline{}$

$\underline{} + \underline{} = \underline{}$

$15 - 5 = \underline{}$

$\underline{} - \underline{} = \underline{}$

Haus 6 (14 / 6 / 8)

$6 + \underline{} = \underline{}$

$\underline{} + \underline{} = \underline{}$

$14 - \underline{} = \underline{}$

$\underline{} - \underline{} = \underline{}$

 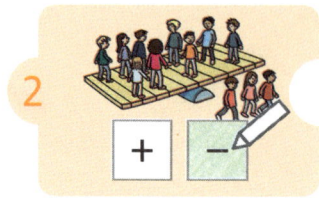 

$$\underline{12}\ \boxed{-}\ \_\_ = \_\_$$

__12__ Kinder   __ gehen weg.   Jetzt sind es __ Kinder.

 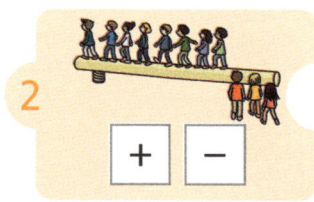 

$$\_\_\ \boxed{\ }\ \_\_ = \_\_\_$$

__ Kinder   __ kommen dazu.   Jetzt sind es ____ Kinder.

$$\_\_\_\_\ \boxed{\ }\ \_\_ = \_\_$$

____ Kinder   __ gehen weg.   Jetzt sind es __ Kinder.

  Themenheft B, S. 68 – 69

Welche Aufgabe passt? Verbinde und rechne.

11 − 4 = _____   12 − 3 = _____   5 + 6 = _____

11 − 3 = _____   6 + 6 = _____   5 + 7 = _____

Markiere: Verdopplungsaufgaben   Verliebte Zahlen

2 + 2 + 5 = ___   3 + 7 + 4 = ___   6 + 3 + 3 = ___

___4___ + 5 = ___   ___ + 4 = ___   6 + ___ = ___

2 + 7 + 3 = ___   4 + 6 + 5 = ___   1 + 1 + 8 = ___

2 + ___ = ___   ___ + 5 = ___   ___ + 8 = ___

9 + 1 + 7 = ___   3 + 4 + 4 = ___   7 + 6 + 4 = ___

___ = ___   ___ = ___   ___ = ___

4 + 2 + 8 = ___   7 + 7 + 5 = ___   2 + 9 + 9 = ___

___ = ___   ___ = ___   ___ = ___

⬦ Themenheft B, S. 74

Lob-Stopp!

Plus- und Minusaufgaben

 3 + 2 = _____   7 − 2 = _____

13 + 2 = _____   17 − 2 = _____

☺ ☻ ☹

Verdopplungs- und Nachbaraufgaben

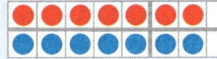 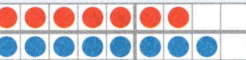

7 + 7 = _____   7 + 8 = _____

☺ ☻ ☹

Zehnerübergang: Plusaufgaben

6 + 8 = _____

+ __ = _____

+ __ = _____

☺ ☻ ☹

Zehnerübergang: Minusaufgaben

14 − 9 = _____

− __ = _____

− __ = _____

☺ ☻ ☹

Klasse, _____ !

Checkliste: Arbeitsplatz einrichten

1. Mein Tisch ist leer.

2. Ich lege alles auf den Tisch,
   was ich zum Arbeiten brauche:

   ☐ Wochenplan/Tagesplan   ☐ Radiergummi
   ☐ angespitzten Bleistift   ☐ Arbeitsheft
   ☐ Füller   ☐ Heft

3. Ich schlage die Aufgabe auf,
   die bearbeitet werden soll.

Seite 7.

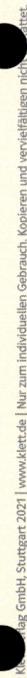

Checkliste: Hefteintrag anlegen

1. Ich schlage mein Heft auf.
   Ich blättere zu der Seite,
   auf der ich zuletzt aufgehört habe.

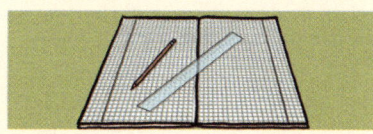

2. Ich ziehe in meinem Heft einen Rand.

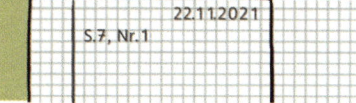

3. Ich schreibe in meinem Heft das Datum:
   _____ . _____ .20_____

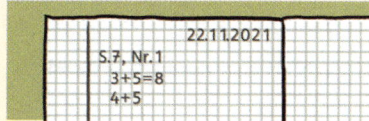

4. Ich schreibe in meinem Heft:

   ☐ die Seite   S. _____

   ☐ die Nummer der Aufgabe   Nr. _____

5. Ich schreibe die Aufgabe in mein Heft.
   Ich löse die Aufgabe.
   Ich lasse Platz zur nächsten Aufgabe.

Checkliste: Auswendig lernen

Lerne Aufgaben erst auswendig, wenn du sie verstanden hast!

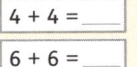  

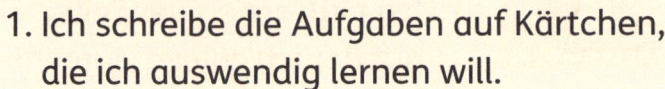

1. Ich schreibe die Aufgaben auf Kärtchen, die ich auswendig lernen will.

2. Ich schaue mir die Aufgaben gut an.

3. Ich decke die Aufgaben mit der Hand ab.
   Ich versuche, die Lösung aus dem Kopf zu sagen.
   Ich denke dabei an eine Hilfsaufgabe.

4. Ich kontrolliere die Aufgaben.
   Richtige Ergebnisse lege ich auf einen Stapel,
   falsche Ergebnisse auf einen anderen Stapel.

5. Falsch gelöste Aufgaben schaue ich mir
   nochmal an.

6. Ich bitte jemanden, mich die Aufgaben mindestens
   3-mal abzufragen.

D01 📄 ▣ oder 2pn5wy

Wo sind **weniger**?

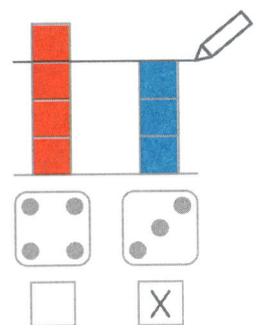   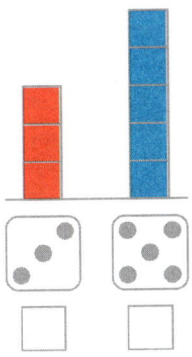

Wo sind **mehr**?

 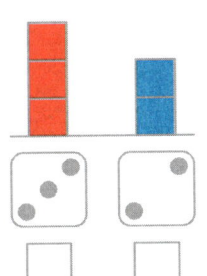  

Wo sind **gleich viele**?

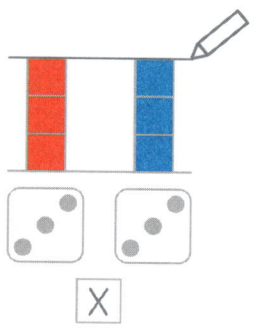

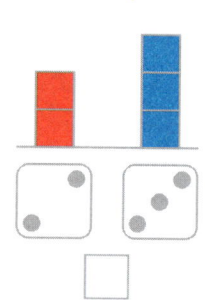

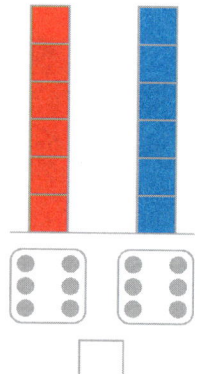

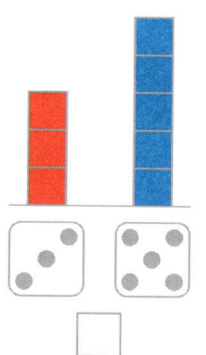

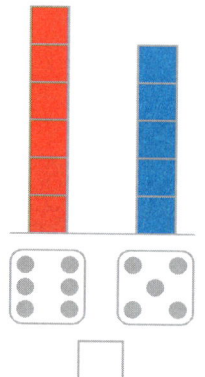

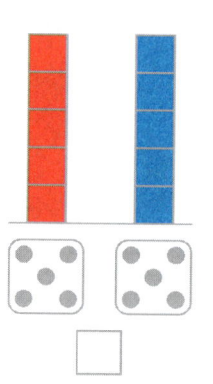

Mengen vergleichen

Wo sind **gleich viele**?

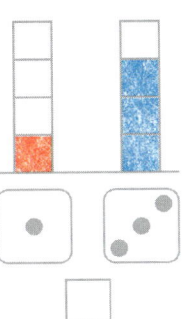 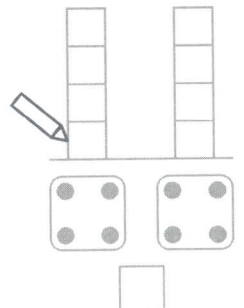 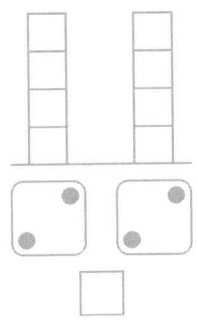 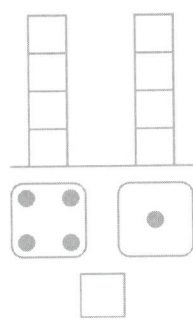

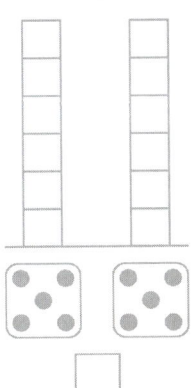 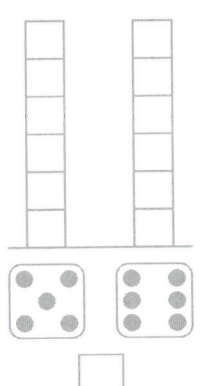 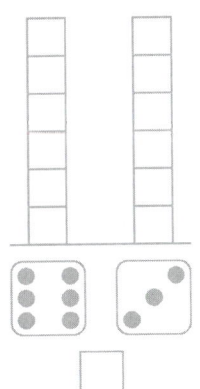 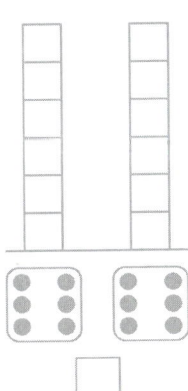

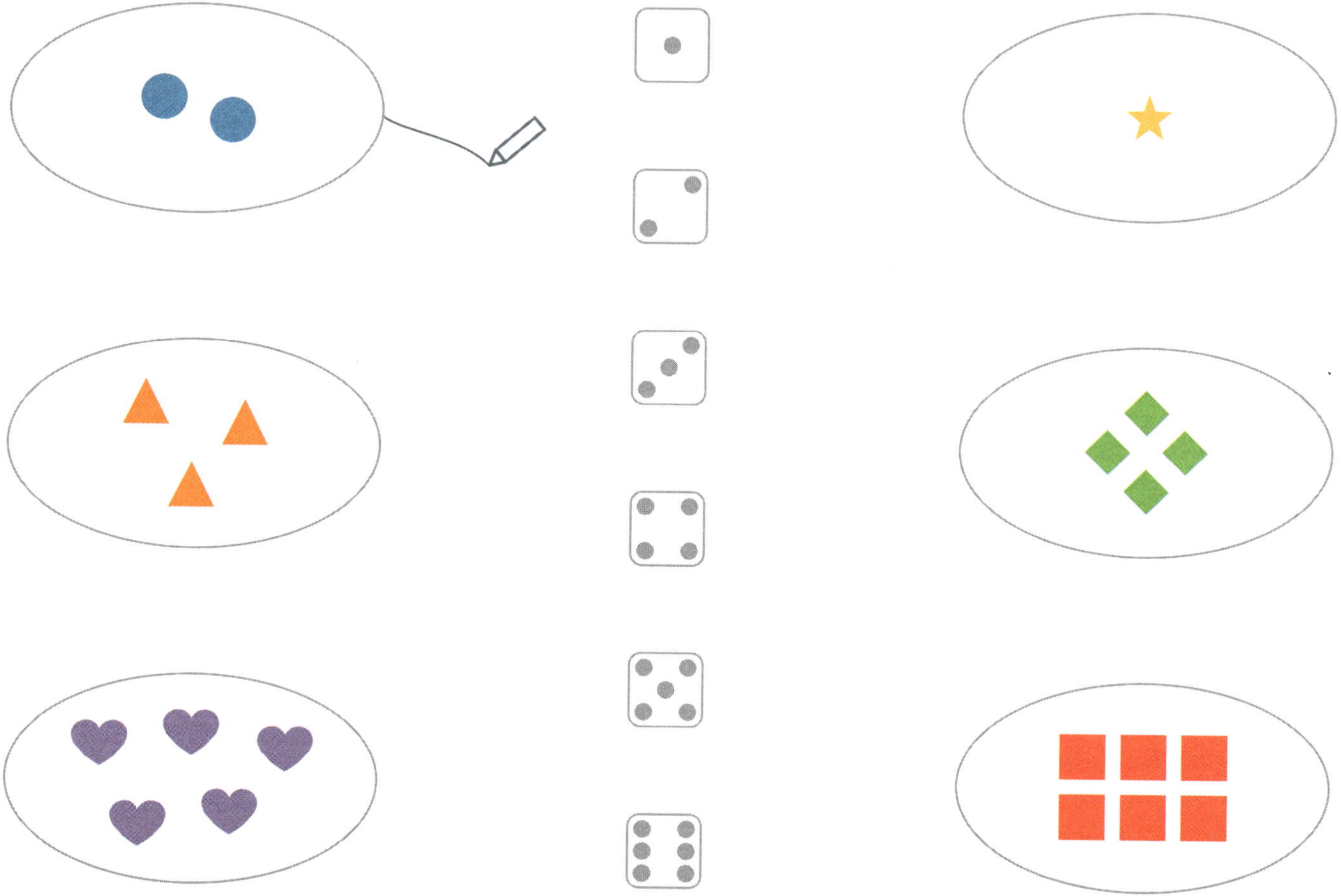

Mengen vergleichen

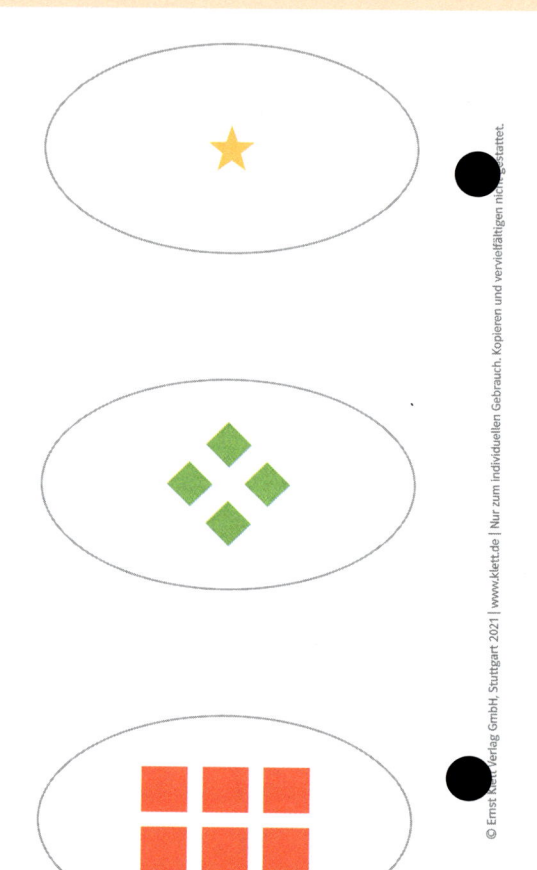

Themenheft A, S. 11

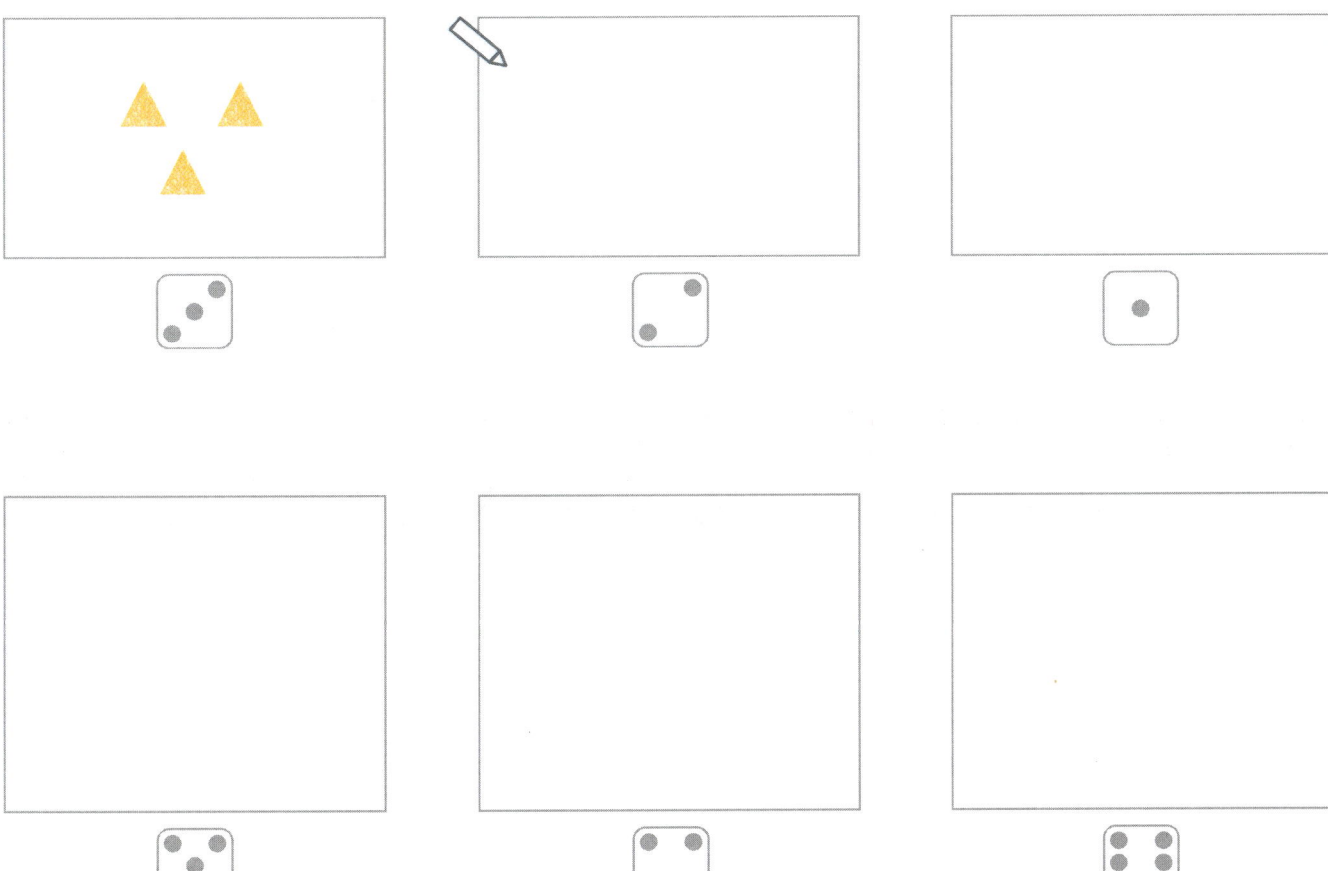

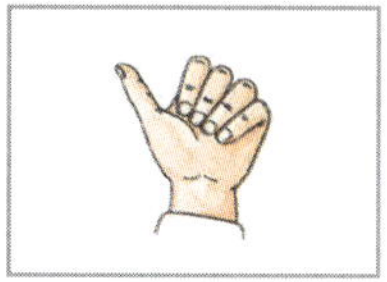

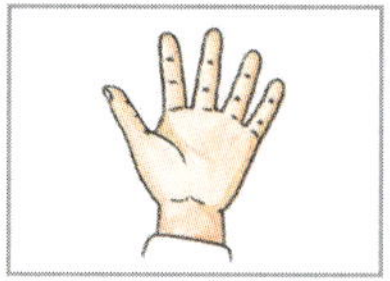

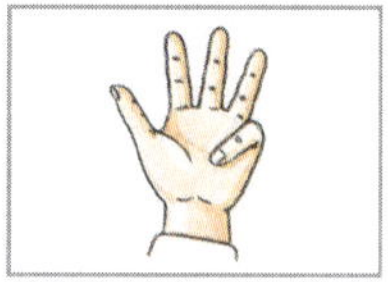

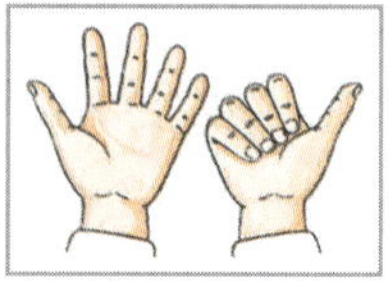

Ziffern und Mengen bis 6

| 1 | 2 | 3 | 4 | 5 | 6 |

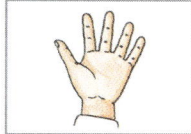 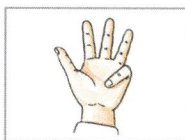 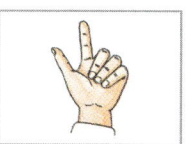 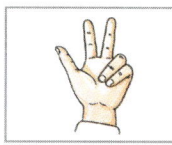 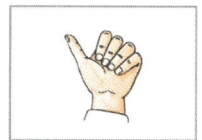 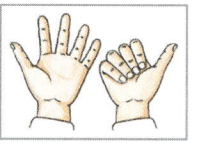

| 5 | | | | | |

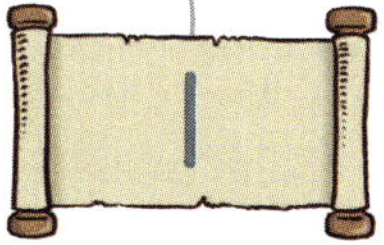

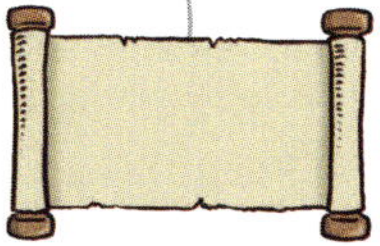

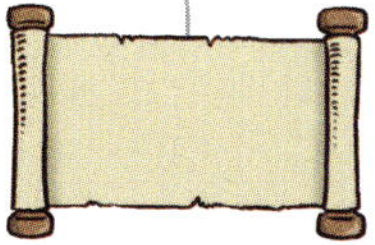

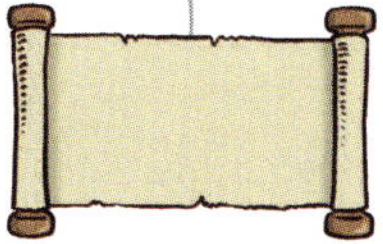

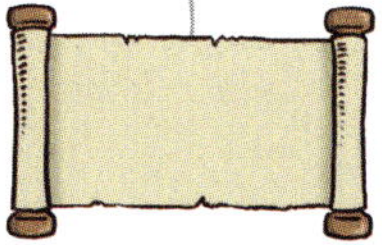

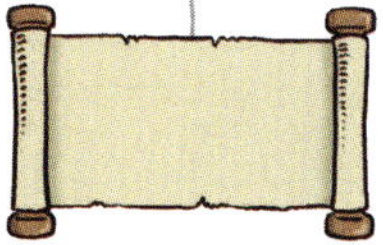

Ziffern und Mengen bis 6

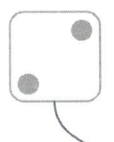    

 6 2 4 1 5 3

    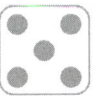

4 2 5 3 6 1

Ziffern und Mengen bis 6

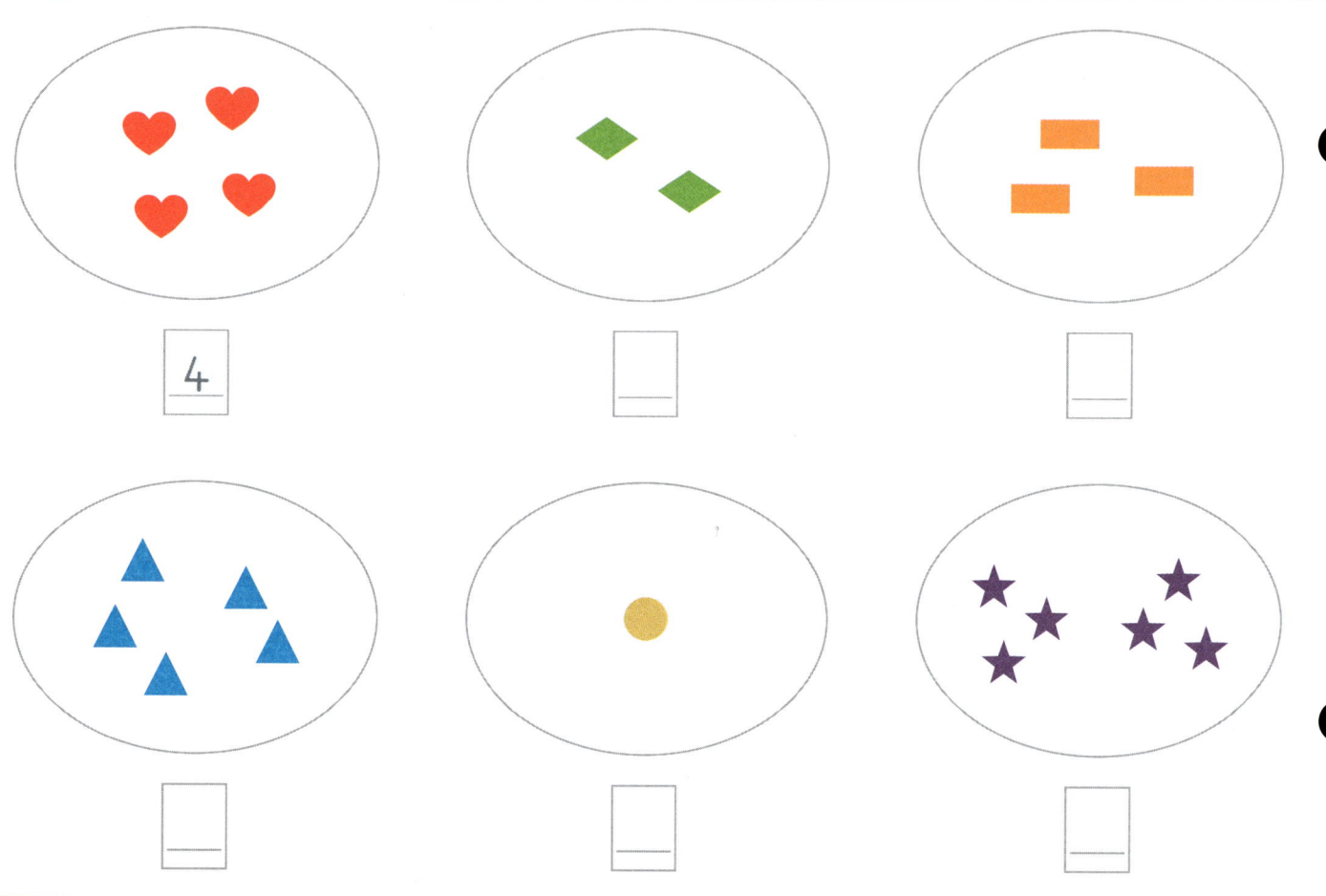

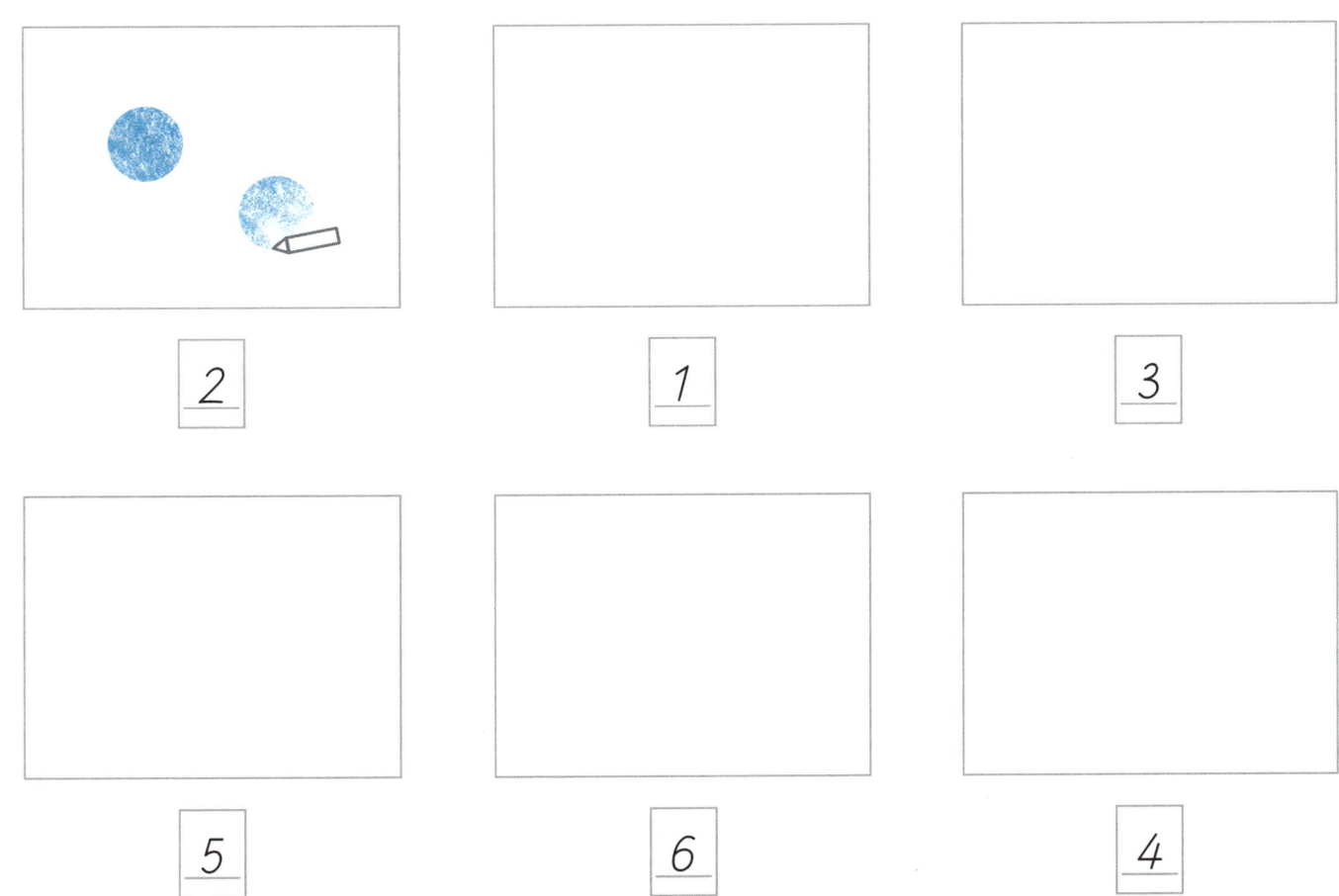

2

1

3

5

6

4

Ziffern und Mengen bis 10

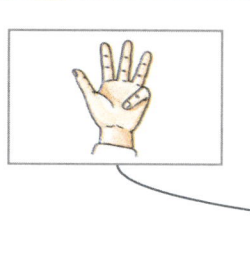  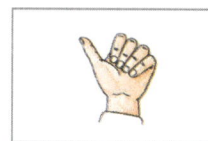 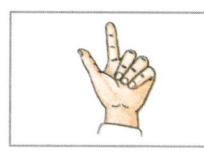 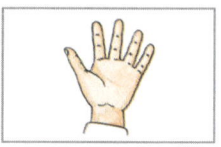

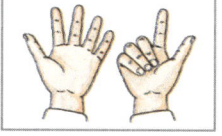 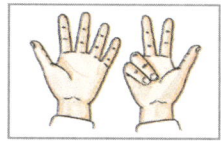 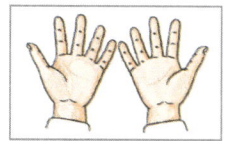 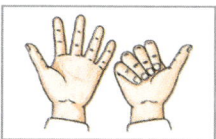 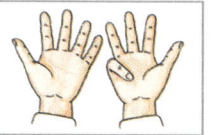

Ziffern und Mengen bis 10

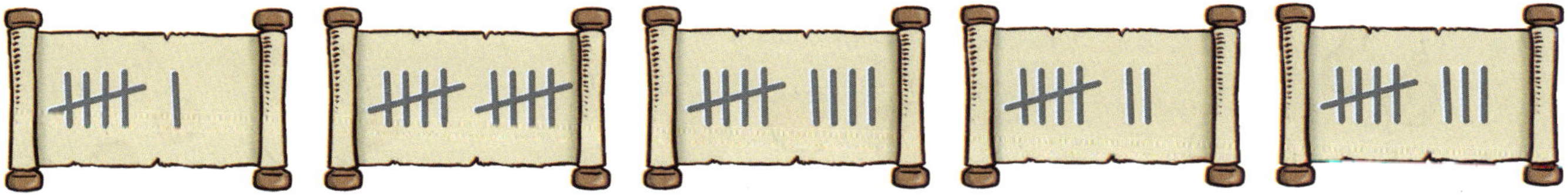

| 4 | 2 | 3 | 5 | 1 |

| 9 | 6 | 10 | 8 | 7 |

⊟ Themenheft A, S. 29

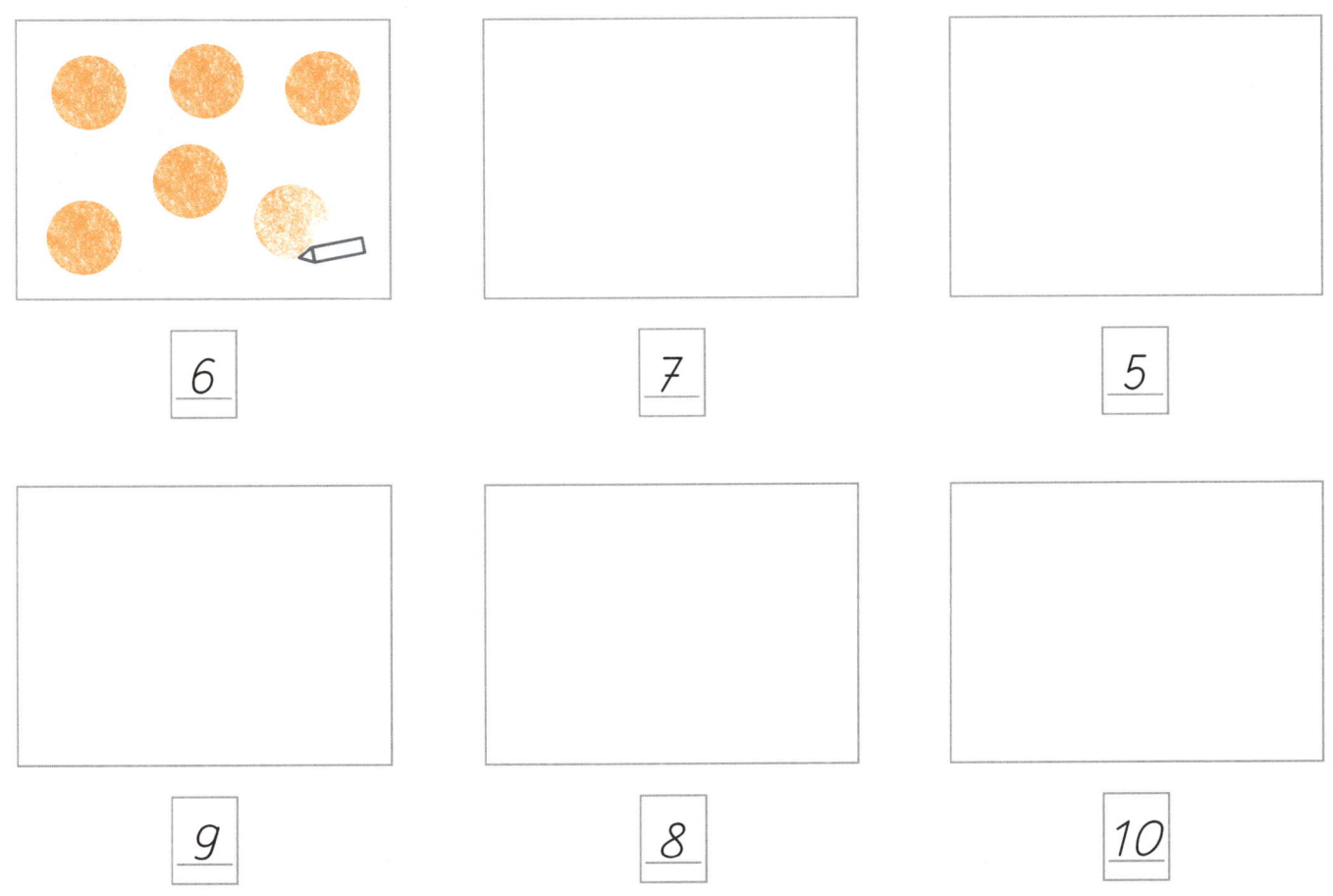

6

7

5

9

8

10

Zahlen darstellen

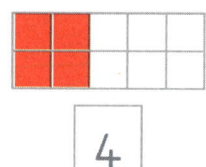 4

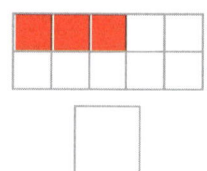

Schau schnell!

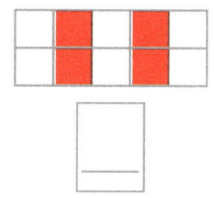

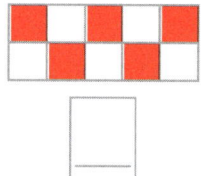

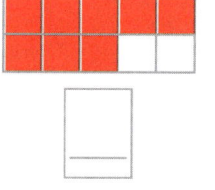

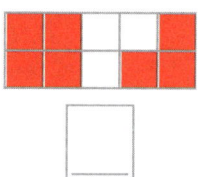

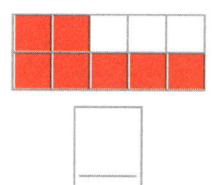

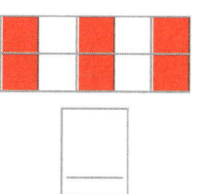

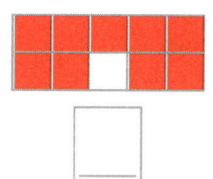

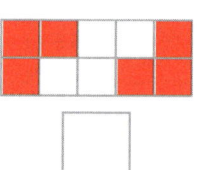

Themenheft A, S. 36

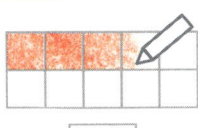

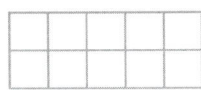

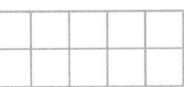

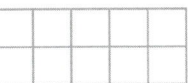

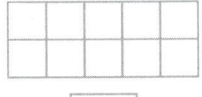

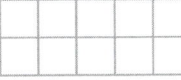

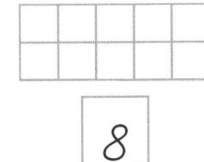

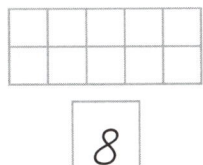

Zahlen darstellen

6

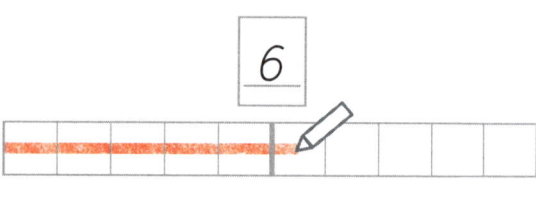

4

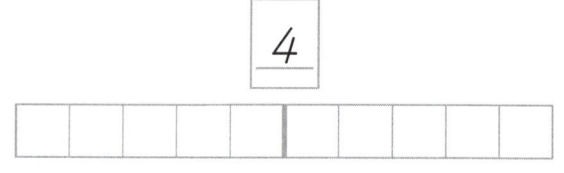

3

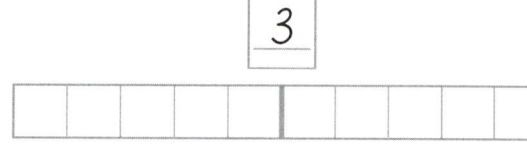

8

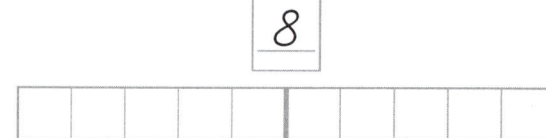

7

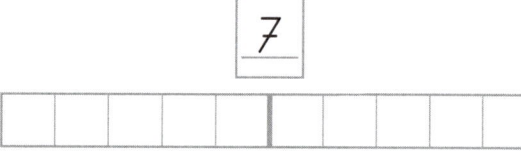

10

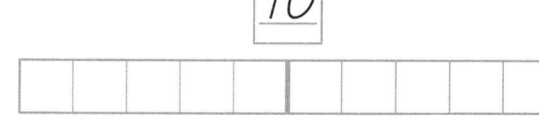

9

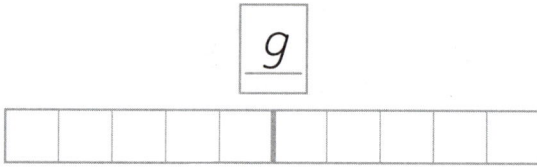

5

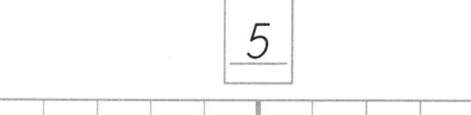

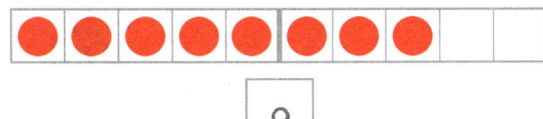

8

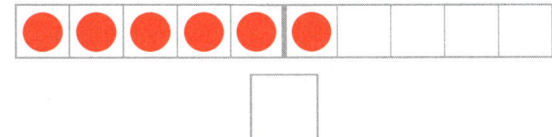

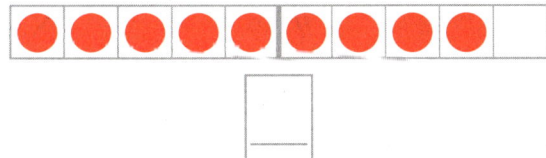

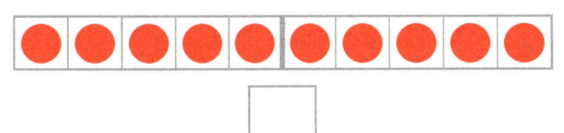

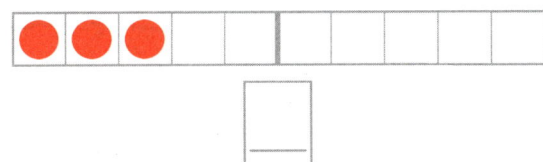

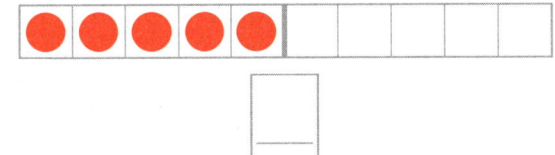

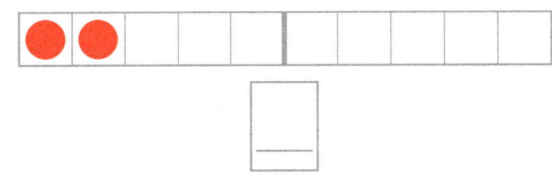

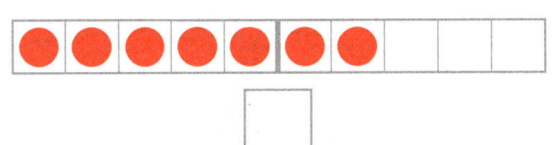

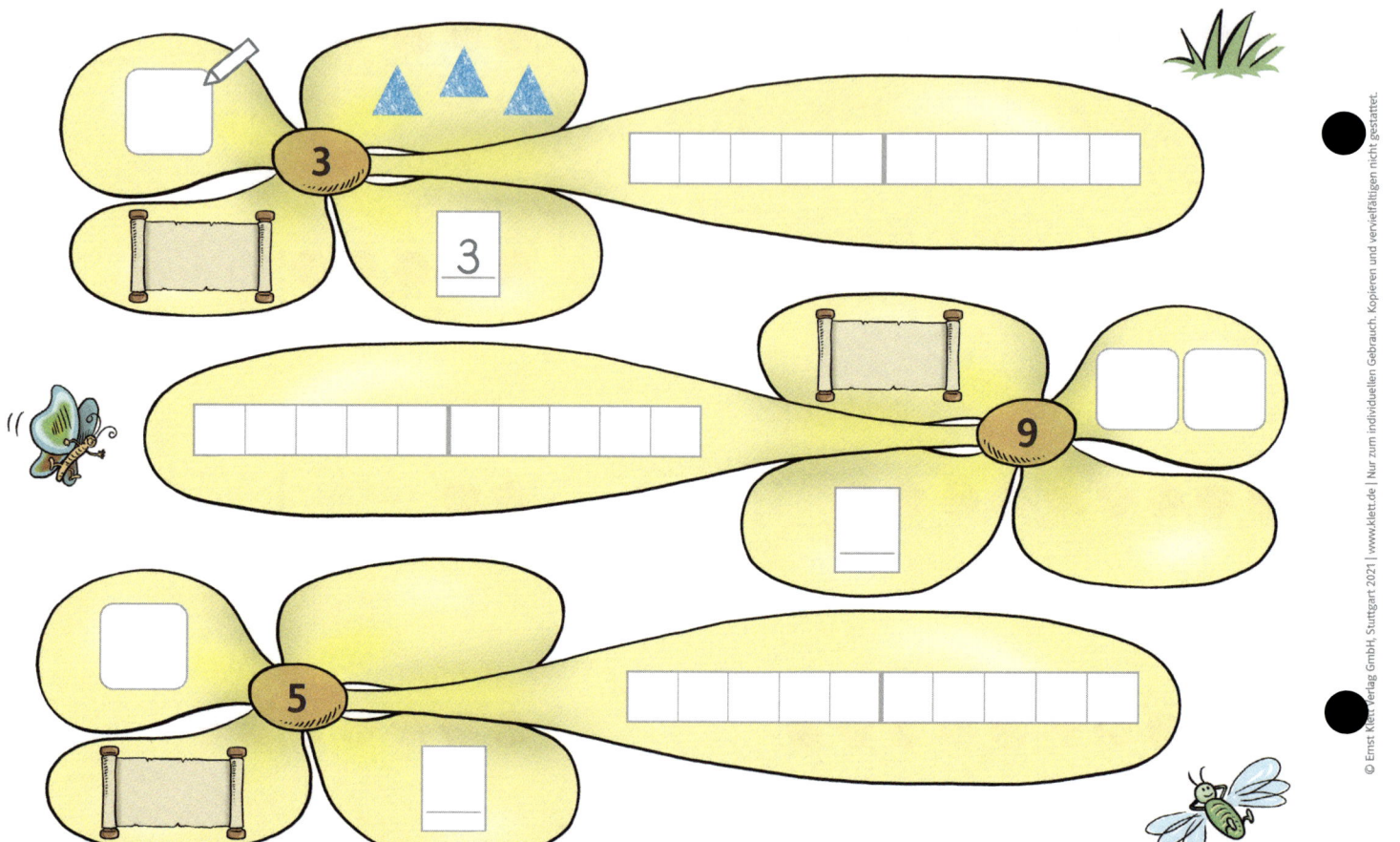

Themenheft A, S. 40

D01 📄 oder 2pn5wy

Schneide aus. Teile in 2 Teile.

Immer 10. Klebe auf.

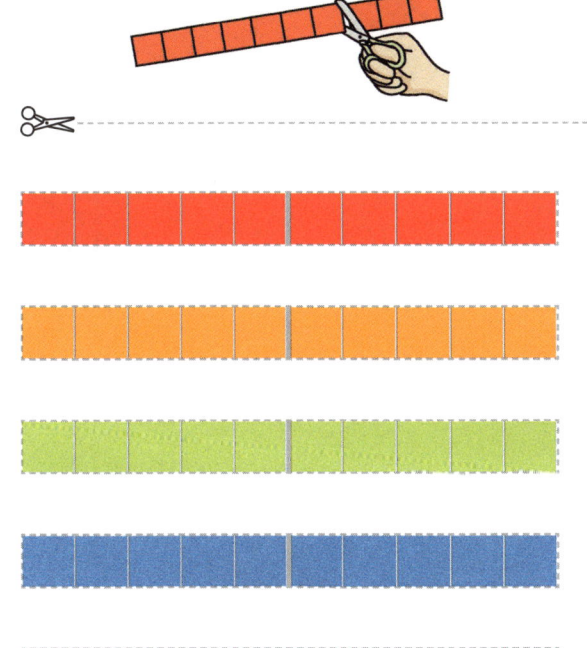

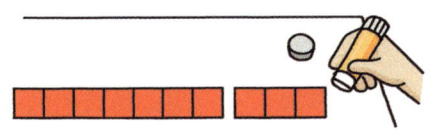

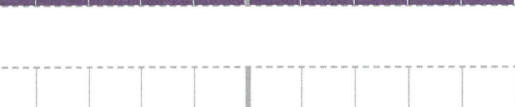

Themenheft A, S. 42

Zahlen zerlegen

Was stimmt? Kreuze an.

das Ganze	die Teile		
▭▭▭▭▭	▭▭ ▭▭▭ [X]	▭▭▭ ▭▭ [ ]	▭▭▭▭ ▭ [✎]
▭▭▭▭	▭▭▭ ▭ [ ]	▭▭ ▭▭ [ ]	▭ ▭▭ [ ]
▦	▦ ▦ [ ]	▦ ▦ [ ]	▦ / ▦ [ ]
▦▦	▦ / ▦ [ ]	▦ ▦ [ ]	▦ / ▦ [ ]

Zahlen zerlegen

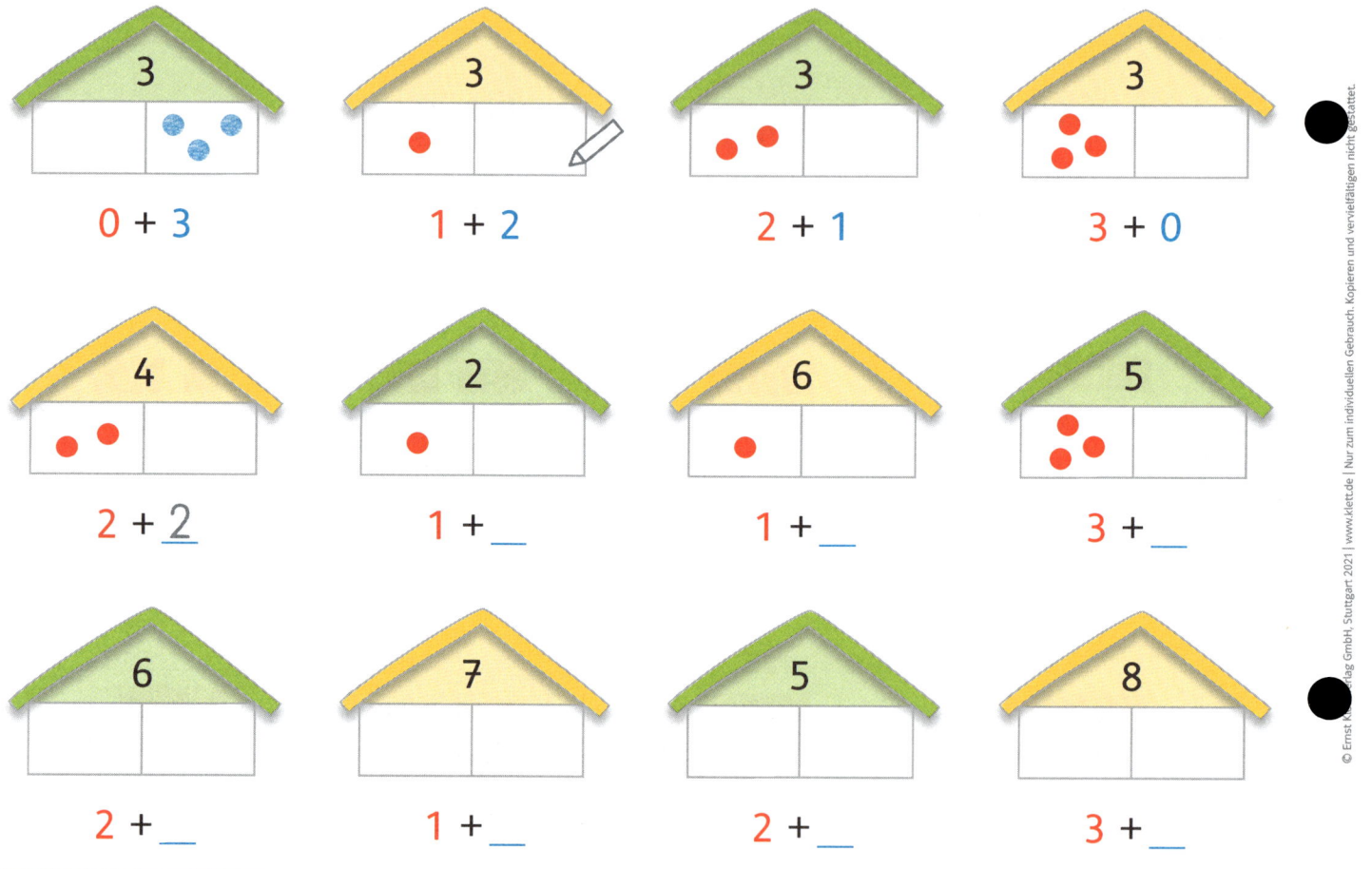

3 — 0 + 3

3 — 1 + 2

3 — 2 + 1

3 — 3 + 0

4 — 2 + 2

2 — 1 + __

6 — 1 + __

5 — 3 + __

6 — 2 + __

7 — 1 + __

5 — 2 + __

8 — 3 + __

Themenheft A, S. 43

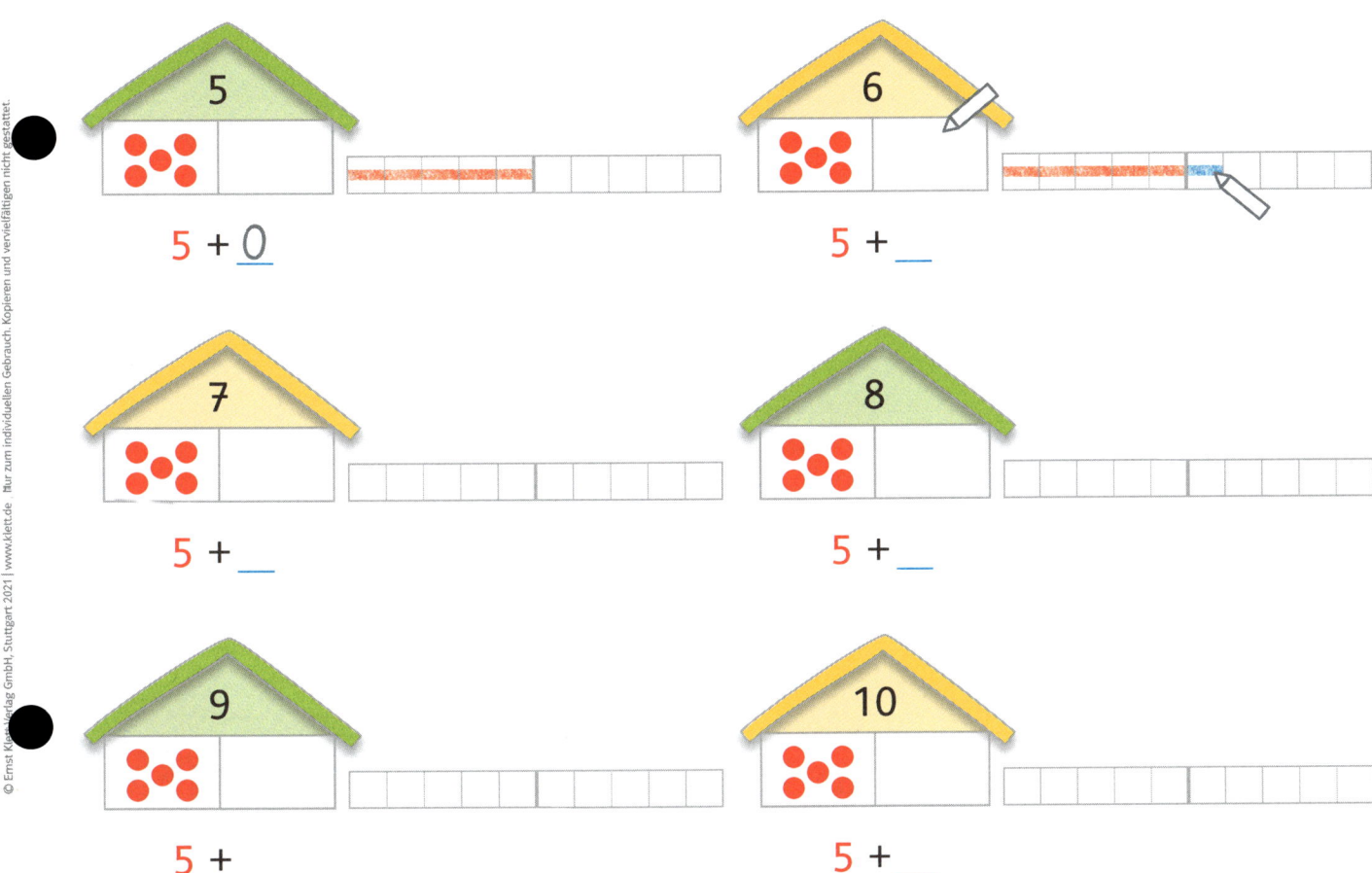

5 + 0

5 + __

5 + __

5 + __

5 + __

5 + __

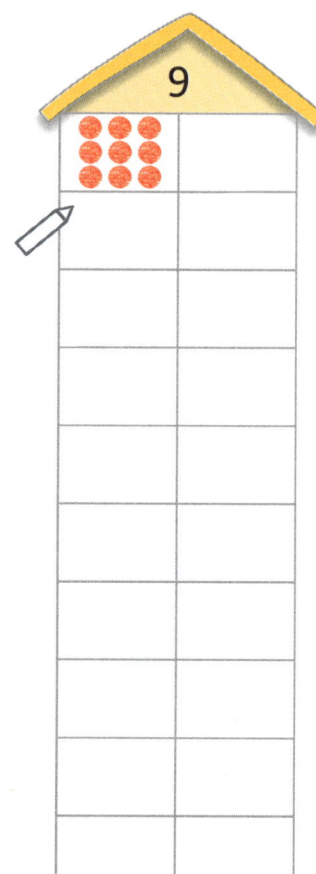

$\underline{9} + \underline{0}$

$\underline{} + \underline{}$

$\underline{} + \underline{}$

$\underline{} + \underline{}$

$\underline{} + \underline{}$

$\underline{} + \underline{}$

$\underline{} + \underline{}$

$\underline{} + \underline{}$

$\underline{} + \underline{}$

$\underline{} + \underline{}$

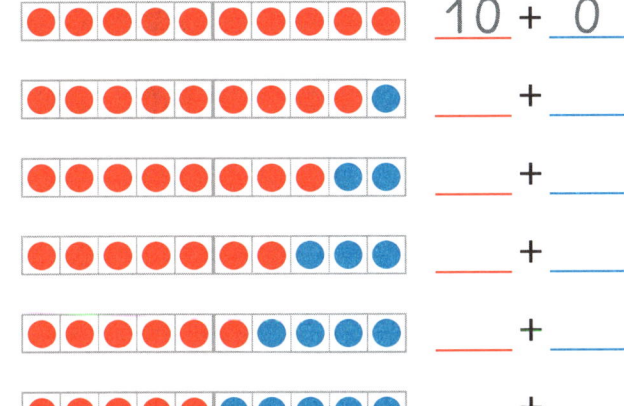

10 + 0

___ + ___

___ + ___

___ + ___

___ + ___

___ + ___

___ + ___

___ + ___

___ + ___

___ + ___

___ + ___

1 | 9

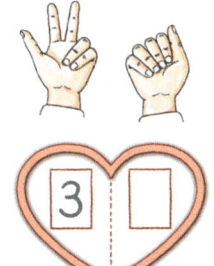

3 | ☐

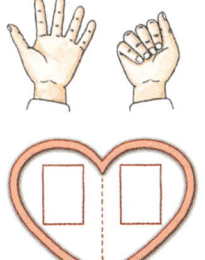

☐ | ☐

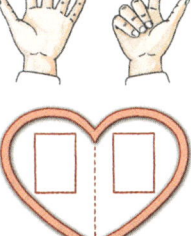

☐ | ☐

Zahlenstrahl

0	1	2	3							

Vorgänger	Zahl	Nachfolger
2	3	4

Vorgänger	Zahl	Nachfolger
	5	

V	Z	N
	2	

V	Z	N
	4	

V	Z	N
	7	

V	Z	N
	9	

V	Z	N
	6	

V	Z	N
	1	

V	Z	N
	8	

V	Z	N
	3	

Themenheft A, S. 52

Zahlenstrahl

V	Z	N
6	7	8

V	Z	N
3		

V	Z	N
0		

V	Z	N
8		

V	Z	N
1		

V	Z	N
5		

V	Z	N
4		

V	Z	N
7		

V	Z	N
8	9	10

V	Z	N
		3

V	Z	N
		6

V	Z	N
		5

V	Z	N
		2

V	Z	N
		7

V	Z	N
		4

Mengen vergleichen

Wo sind **gleich viele**?

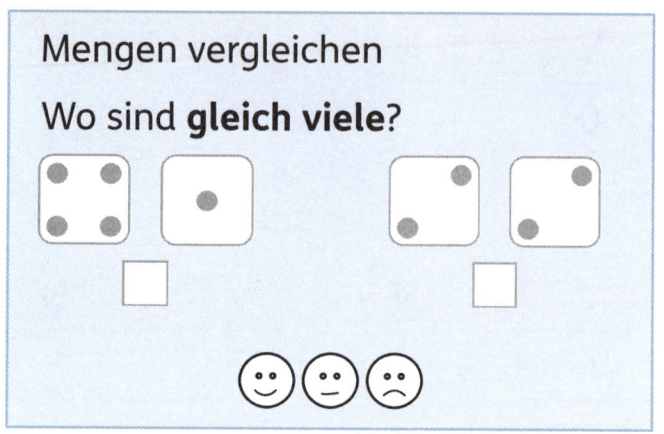

Ziffern und Mengen

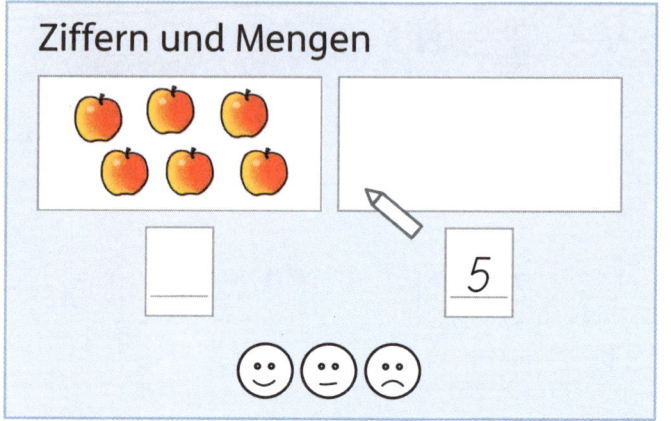

Zahlen darstellen

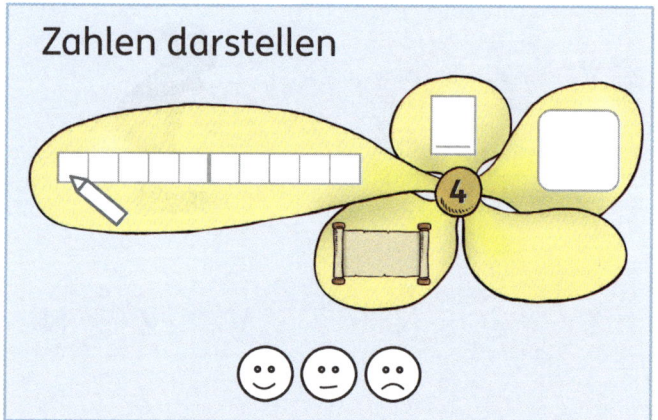

Zahlen zerlegen

$2 + \_\_$ $\_\_ + 0$

Prima, _____ !

3   + 2   = 5

      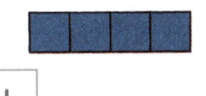   

1   + ___   = ___

   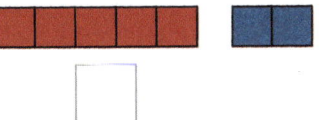   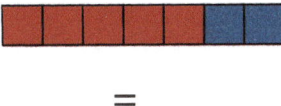

___   ___   = ___

   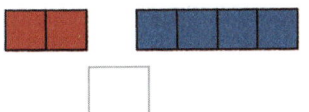   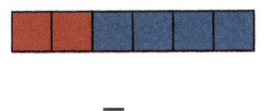

___   ___   = ___

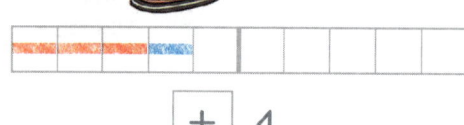

3   + 1   = __

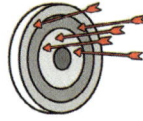 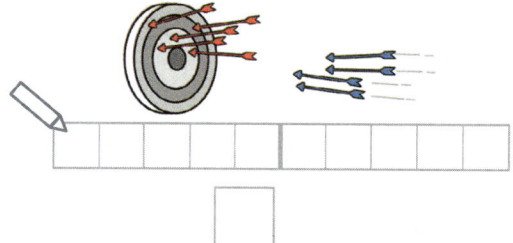 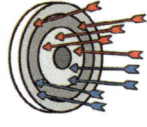

= __

 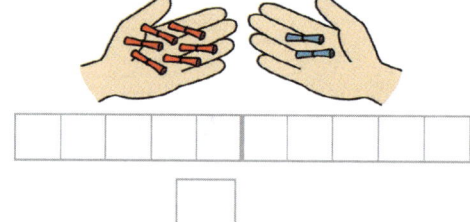 

= __

1 + 6 = __

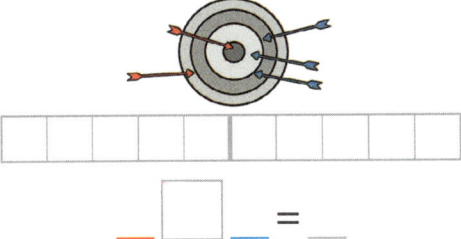

__ ☐ __ = __

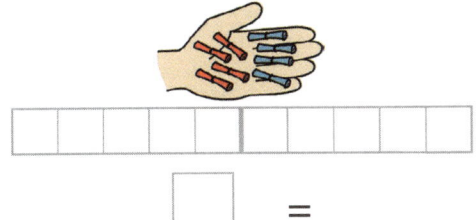

__ ☐ __ = __

__ ☐ __ = __

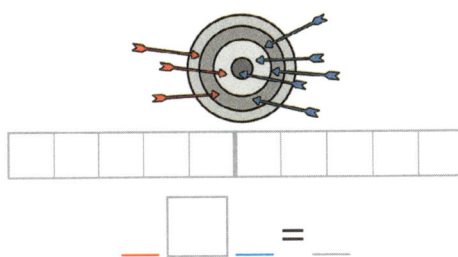

__ ☐ __ = __

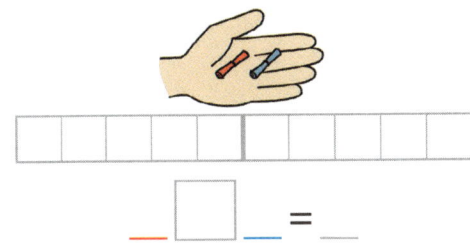

__ ☐ __ = __

$$\underline{3} + \underline{1} = \underline{4}$$

___ + ___ = ___

___ + ___ = ___

___ + ___ = ___

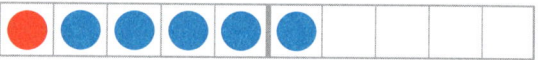

___ + ___ = ___

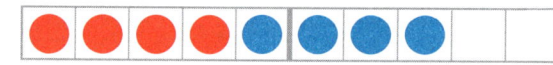

___ + ___ = ___

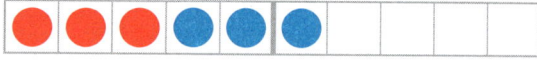

___ + ___ = ___

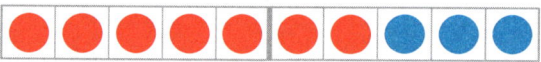

___ + ___ = ___

Plusaufgaben

$$3 + 2 = \underline{5}$$

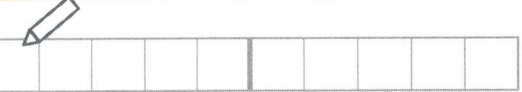

$$1 + 4 = \underline{}$$

$$5 + 5 = \underline{}$$

$$2 + 8 = \underline{}$$

$$7 + 1 = \underline{}$$

$$0 + 2 = \underline{}$$

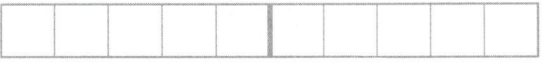

$$4 + 3 = \underline{}$$

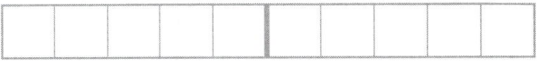

$$2 + 4 = \underline{}$$

$4 + 6 =$ _____

$6 + 4 =$ _____

$2 + 5 =$ _____

$5 + 2 =$ _____

$6 + 3 =$ _____

$3 + 6 =$ _____

$5 + 4 =$ _____

$4 + 5 =$ _____

$$\underline{2} + \underline{3} = \rule{2cm}{0.4pt}$$
$$\underline{3} + \underline{2} = \rule{2cm}{0.4pt}$$

$$\rule{1cm}{0.4pt} + \rule{0.5cm}{0.4pt} = \rule{1cm}{0.4pt}$$
$$\rule{1cm}{0.4pt} + \rule{0.5cm}{0.4pt} = \rule{1cm}{0.4pt}$$

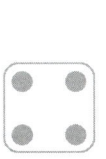

$$\rule{1cm}{0.4pt} + \rule{0.5cm}{0.4pt} = \rule{1cm}{0.4pt}$$
$$\rule{1cm}{0.4pt} + \rule{0.5cm}{0.4pt} = \rule{1cm}{0.4pt}$$

$$\rule{1cm}{0.4pt} + \rule{0.5cm}{0.4pt} = \rule{1cm}{0.4pt}$$
$$\rule{1cm}{0.4pt} + \rule{0.5cm}{0.4pt} = \rule{1cm}{0.4pt}$$

$$\rule{1cm}{0.4pt} + \rule{0.5cm}{0.4pt} = \rule{1cm}{0.4pt}$$
$$\rule{1cm}{0.4pt} + \rule{0.5cm}{0.4pt} = \rule{1cm}{0.4pt}$$

$$\rule{1cm}{0.4pt} + \rule{0.5cm}{0.4pt} = \rule{1cm}{0.4pt}$$
$$\rule{1cm}{0.4pt} + \rule{0.5cm}{0.4pt} = \rule{1cm}{0.4pt}$$

$$\rule{1cm}{0.4pt} + \rule{0.5cm}{0.4pt} = \rule{1cm}{0.4pt}$$
$$\rule{1cm}{0.4pt} + \rule{0.5cm}{0.4pt} = \rule{1cm}{0.4pt}$$

$$\rule{1cm}{0.4pt} + \rule{0.5cm}{0.4pt} = \rule{1cm}{0.4pt}$$
$$\rule{1cm}{0.4pt} + \rule{0.5cm}{0.4pt} = \rule{1cm}{0.4pt}$$

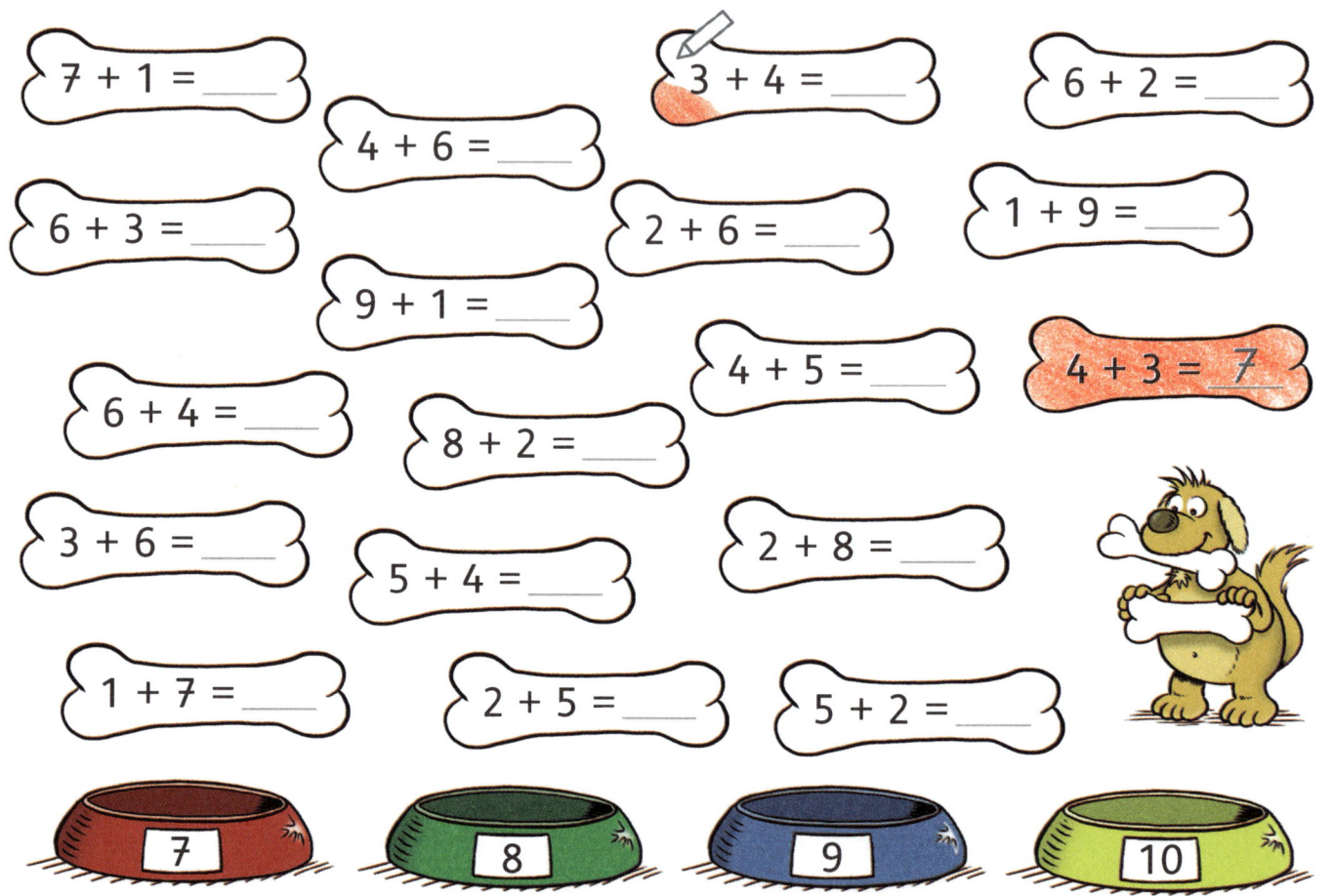

7 + 1 = _____

3 + 4 = _____

6 + 2 = _____

4 + 6 = _____

6 + 3 = _____

2 + 6 = _____

1 + 9 = _____

9 + 1 = _____

4 + 5 = _____

4 + 3 = 7

6 + 4 = _____

8 + 2 = _____

3 + 6 = _____

2 + 8 = _____

5 + 4 = _____

1 + 7 = _____

2 + 5 = _____

5 + 2 = _____

7

8

9

10

$4 + 2 = 6$

$4 + \_\_ = 5$

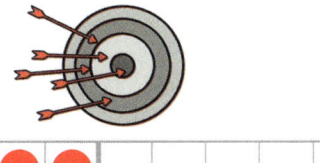

$5 + \_\_ = 7$

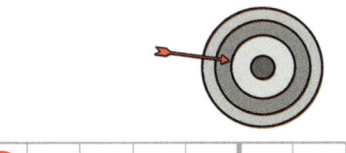

$1 + \_\_ = 4$

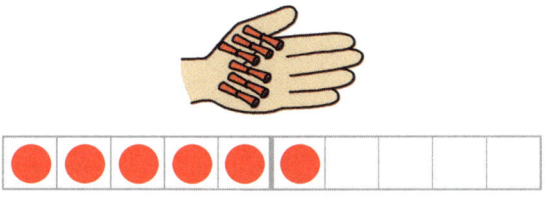

$6 + \_\_ = 9$

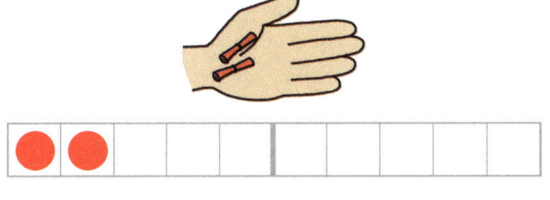

$2 + \_\_ = 10$

Themenheft A, S. 63

Plusaufgaben üben

$3 + \underline{2} = 5$

$6 + \underline{} = 8$

$5 + \underline{} = 8$

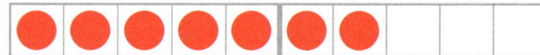

$7 + \underline{} = 9$

$1 + \underline{} = 6$

$4 + \underline{} = 6$

$2 + \underline{} = 9$

$7 + \underline{} = 7$

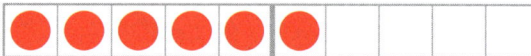

$6 + \underline{} = 10$

$4 + \underline{} = 9$

    2 + _2_ = 4

   3 + __ = 6

   4 + __ = 5

   5 + __ = 9

   6 + __ = 7

   1 + __ = 5

   2 + __ = 5

   3 + __ = 4

   4 + __ = 8

   4 + __ = 10

Plusaufgaben üben

+	5	6
1	1 + 5 =	1 + 6 =

+	4	5
2	2 + 4 =	2 + 5 =

+	4	2
5	5 + =	5 + =

+	3	0
6	6 + =	6 + =

+	0	1
9	+ =	+ =

+	2	1
7	+ =	+ =

+	1	2
8		

+	4	7
3		

Themenheft A, S. 64

Minusaufgaben

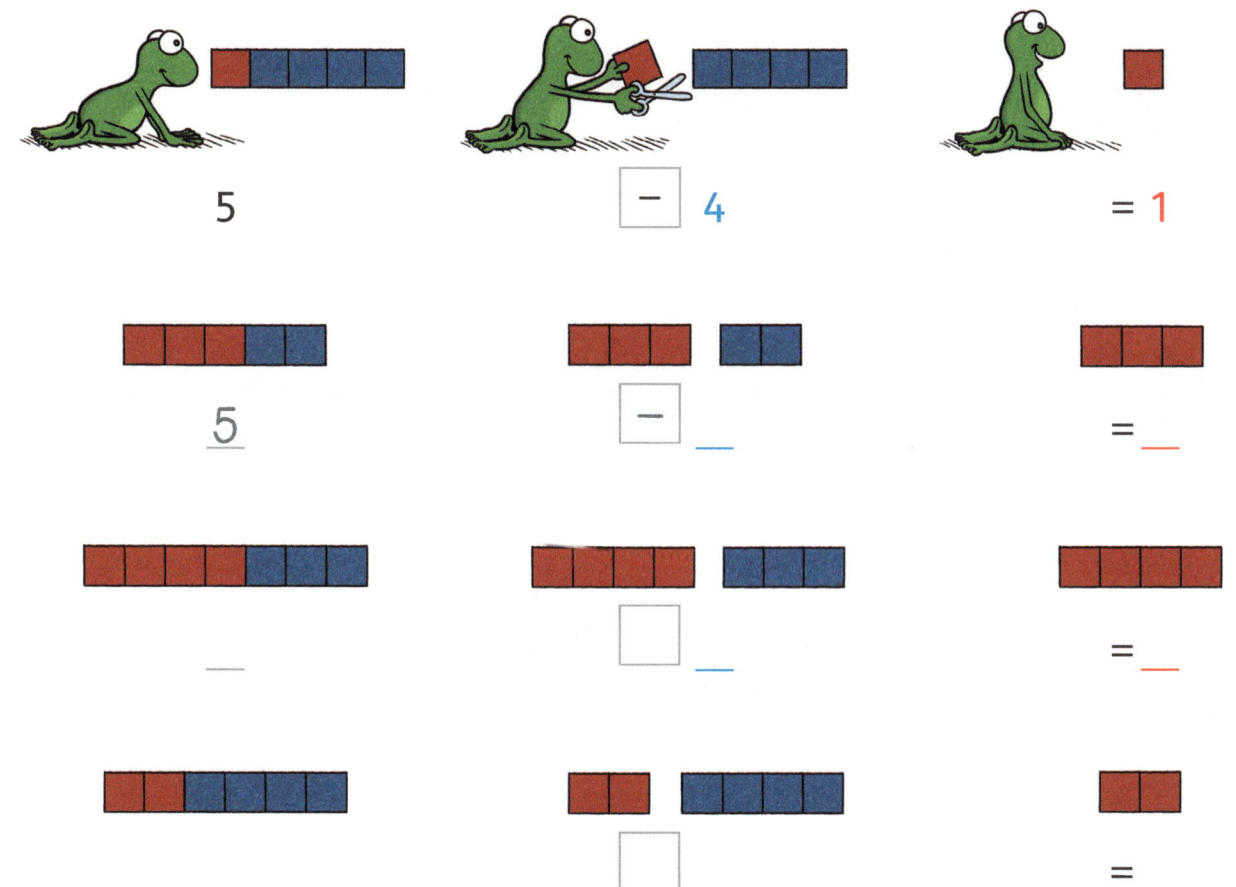

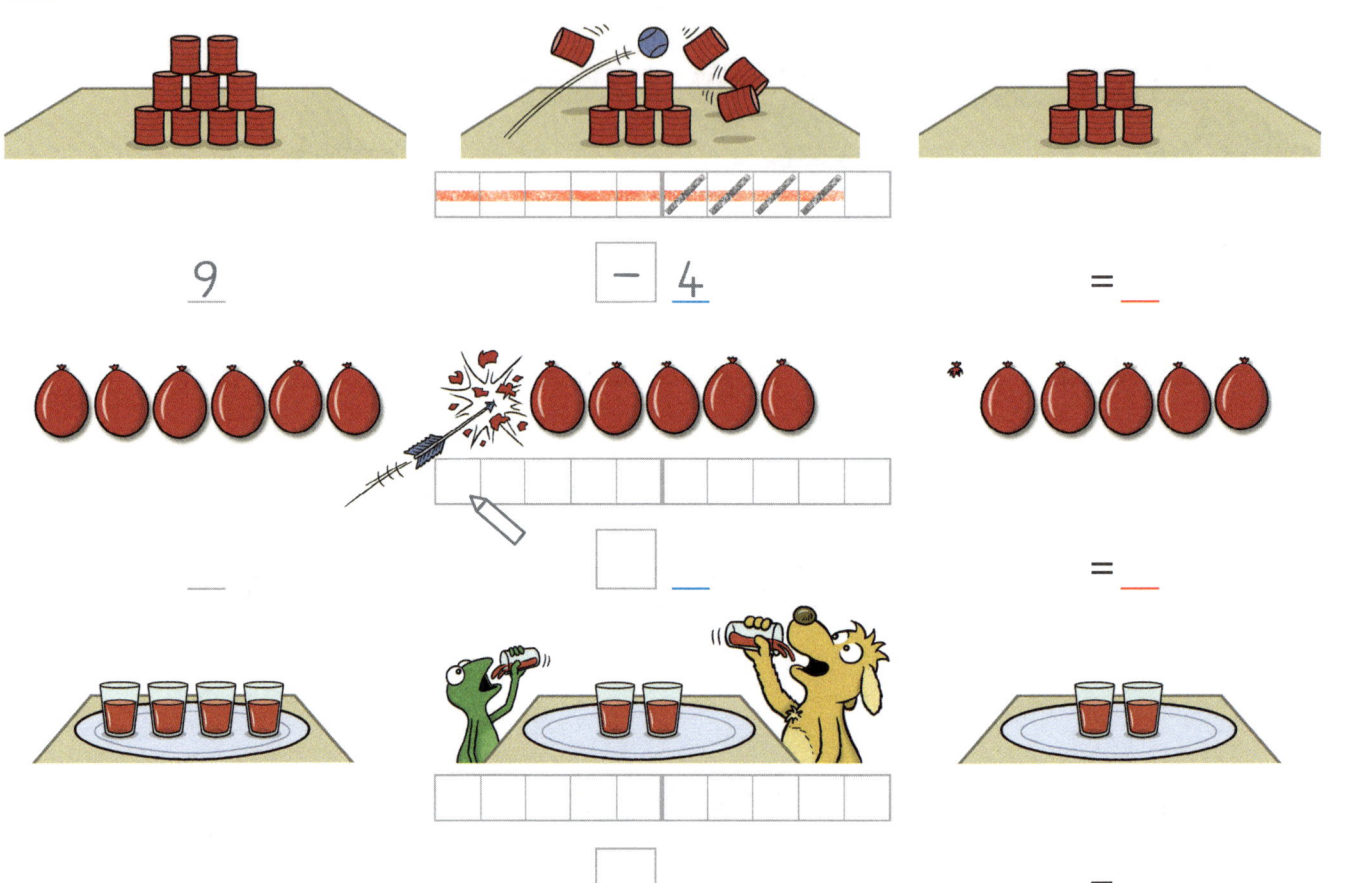

9   − 4   = ___

___

= ___

= ___

↪ Themenheft A, S. 68

Minusaufgaben

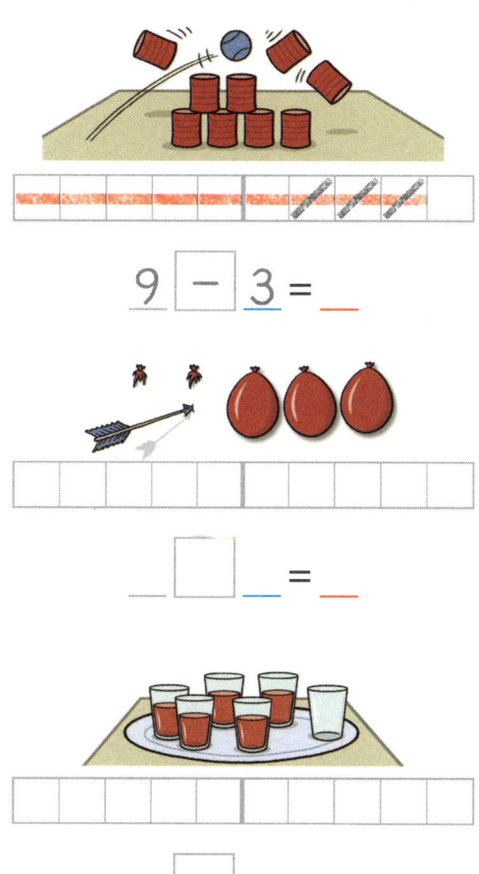

$$9 - 3 = \underline{}$$

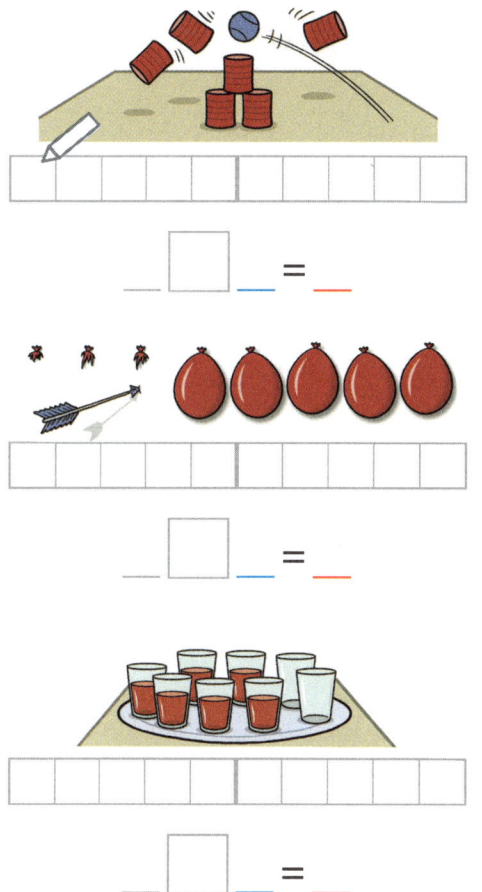

$$\boxed{}\ \underline{} = \underline{}$$

Minusaufgaben

$$\underline{4} - \underline{1} = \underline{3}$$

$$\underline{} - \underline{} = \underline{}$$

$$\underline{} - \underline{} = \underline{}$$

$$\underline{} - \underline{} = \underline{}$$

$$\underline{} - \underline{} = \underline{}$$

$$\underline{} - \underline{} = \underline{}$$

$$\underline{} - \underline{} = \underline{}$$

$$\underline{} - \underline{} = \underline{}$$

Themenheft A, S. 71

Minusaufgaben

$$4 - 3 = \underline{1}$$

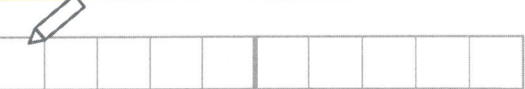

$$6 - 6 = \underline{}$$

$$8 - 5 = \underline{}$$

$$5 - 0 = \underline{}$$

$$6 - 3 = \underline{}$$

$$5 - 2 = \underline{}$$

$$9 - 8 = \underline{}$$

$$10 - 4 = \underline{}$$

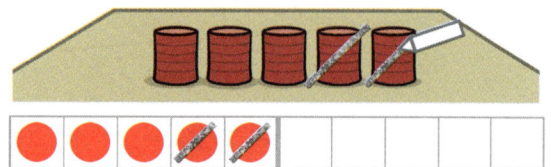

$5 - \underline{} = 3$

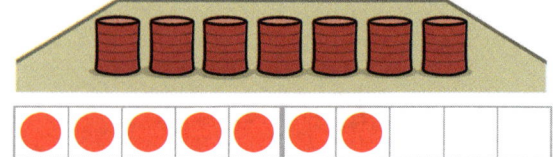

$7 - \underline{} = 6$

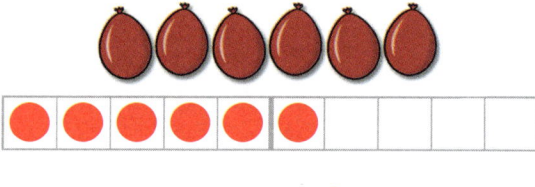

$6 - \underline{} = 2$

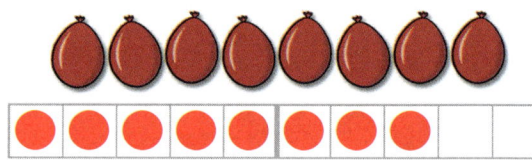

$8 - \underline{} = 5$

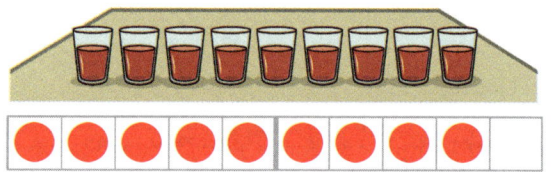

$9 - \underline{} = 4$

$10 - \underline{} = 5$

Minusaufgaben üben

$5 - \underline{3} = 2$

$6 - \underline{} = 3$

$8 - \underline{} = 6$

$4 - \underline{} = 4$

$7 - \underline{} = 4$

$6 - \underline{} = 1$

$10 - \underline{} = 6$

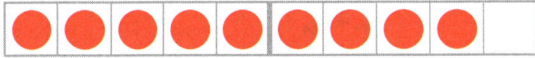

$9 - \underline{} = 3$

Minusaufgaben üben

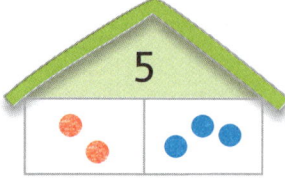

5 − <u>2</u> = 3

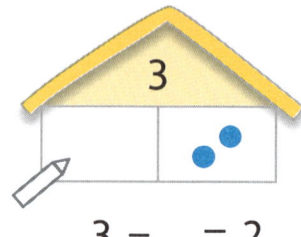

3 − __ = 2

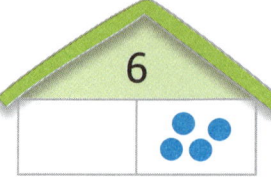

6 − __ = 4

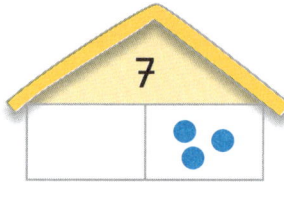

7 − __ = 3

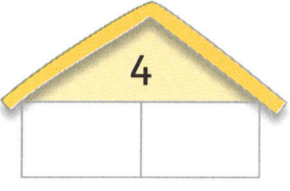

4 − __ = 0

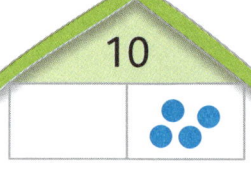

10 − __ = 4

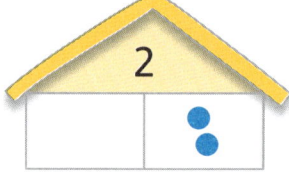

2 − __ = 2

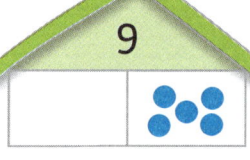

9 − __ = 5

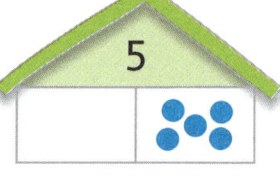

5 − __ = 5

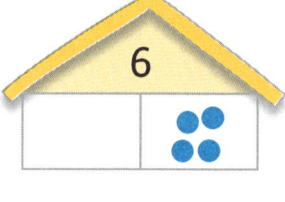

6 − __ = 4

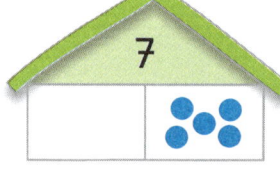

7 − __ = 5

8 − __ = 4

Themenheft A, S. 75

Minusaufgaben üben

−	3	4
6	6 − 3 =	6 − 4 =

−	5	4
10	10 − 5 =	10 − 4 =

−	5	3
7	7 − =	7 − =

−	3	5
9	9 − =	9 − =

−	6	7
8	− =	− =

−	2	5
5	− =	− =

−	0	2
3		

−	9	10
10		

Plus- und Minusaufgaben üben

  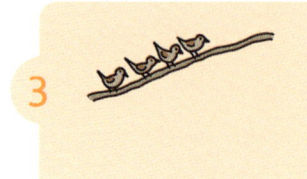

$6 - 2 = \underline{}$

6 Vögel   2 fliegen weg.   Jetzt sind es __ Vögel.

$\underline{} \boxed{} \underline{} = \underline{}$

__ Katzen   __ gehen weg.   Jetzt ist es __ Katze.

$\underline{} \boxed{} \underline{} = \underline{}$

__ Bienen   __ kommen dazu. Jetzt sind es __ Bienen.

1    **2**    **3**

__ Hasen   __ kommen dazu. Jetzt sind es __ Hasen.

1    **2**    **3**

__ Hunde   __ laufen weg. Jetzt sind es __ Hunde.

1 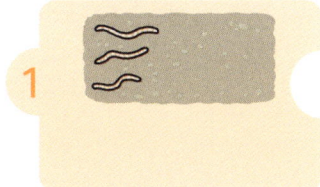   **2** 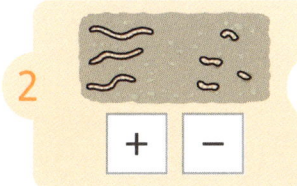   **3**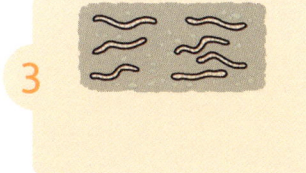

__ Würmer   __ kommen dazu. Jetzt sind es __ Würmer.

Plus- und Minusaufgaben üben

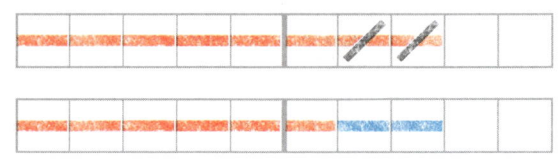

$8 - 2 = \_\_$

$6 + 2 = \_\_$

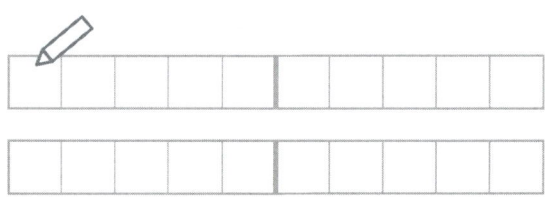

$\_\_ - \_\_ = \_\_$

$\_\_ + \_\_ = \_\_$

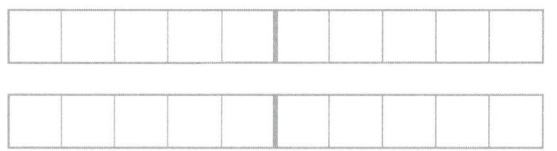

$\_\_ - \_\_ = \_\_$

$\_\_ + \_\_ = \_\_$

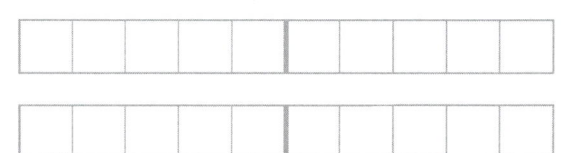

$\_\_ - \_\_ = \_\_$

$\_\_ + \_\_ = \_\_$

Plus- und Minusaufgaben üben

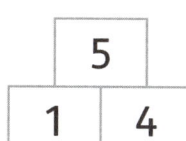 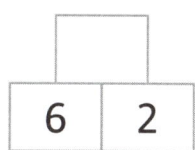 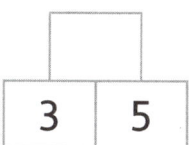 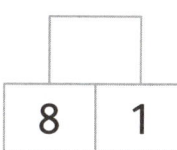 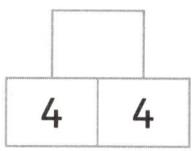

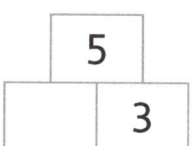 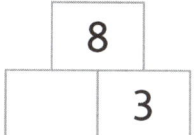 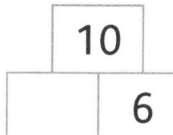

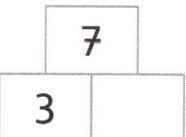 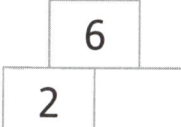

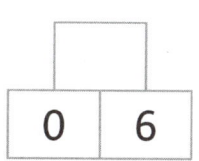 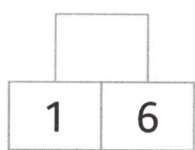 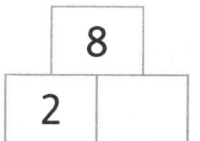 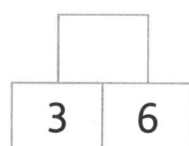 

Plus- und Minusaufgaben üben

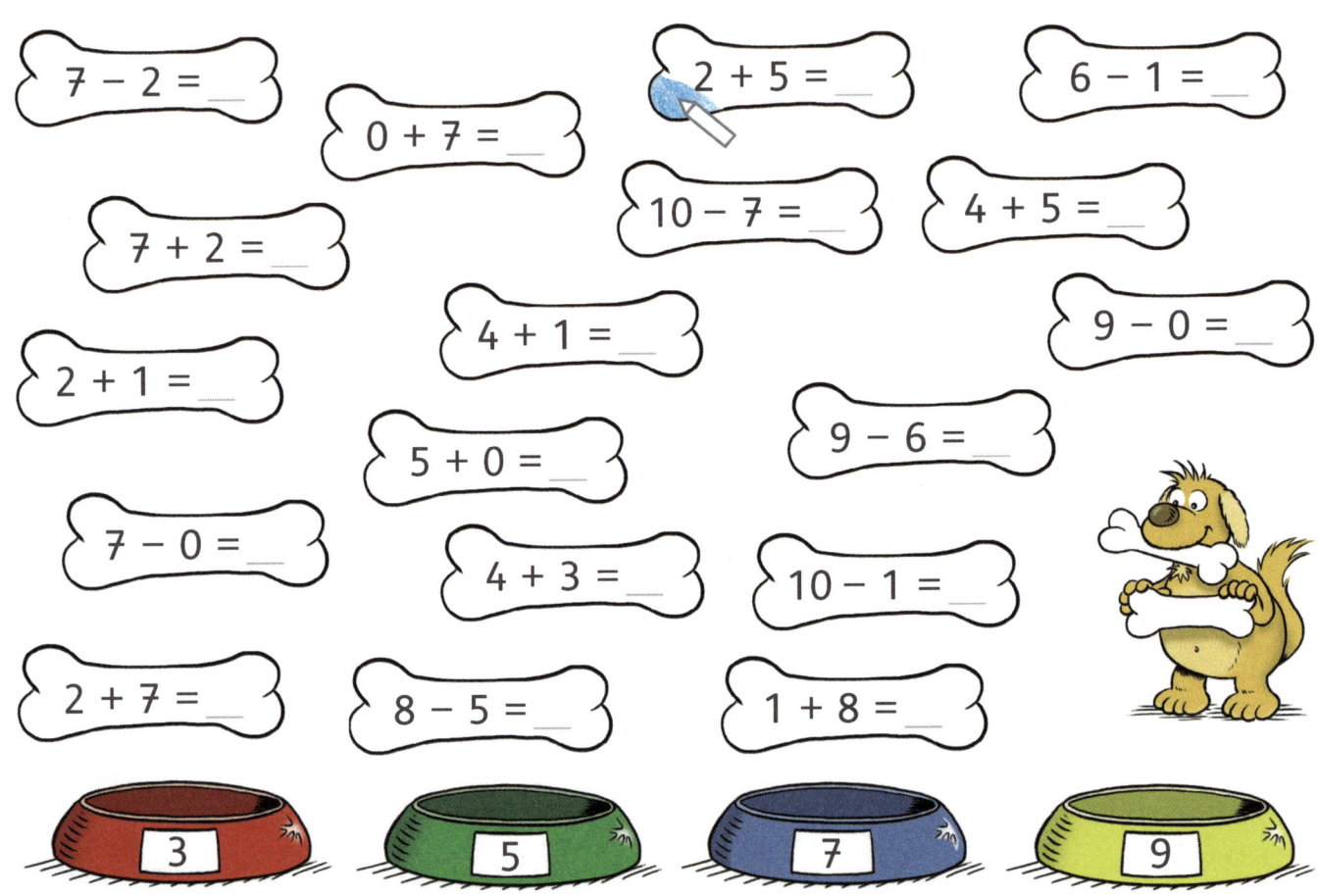

7 − 2 = ___

0 + 7 = ___

2 + 5 = ___

6 − 1 = ___

7 + 2 = ___

10 − 7 = ___

4 + 5 = ___

4 + 1 = ___

9 − 0 = ___

2 + 1 = ___

5 + 0 = ___

9 − 6 = ___

7 − 0 = ___

4 + 3 = ___

10 − 1 = ___

2 + 7 = ___

8 − 5 = ___

1 + 8 = ___

3   5   7   9

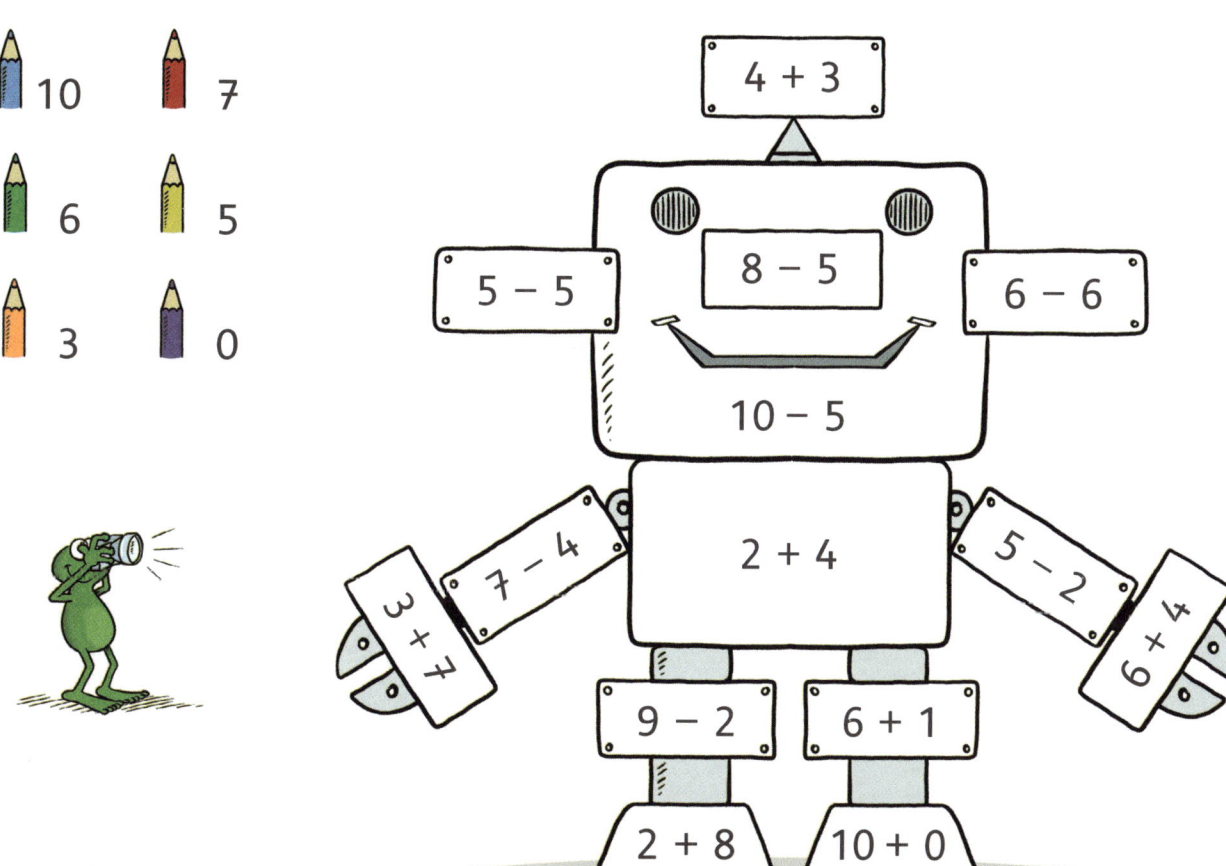

Lob-Stopp!

Plusaufgaben

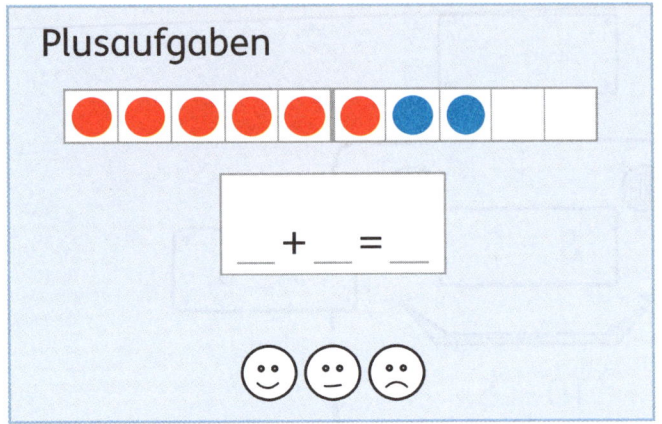

___ + ___ = ___

☺ ☻ ☹

Minusaufgaben

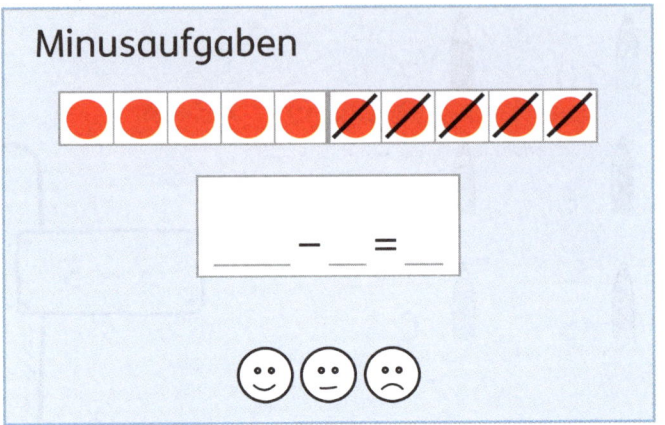

___ − ___ = ___

☺ ☻ ☹

Tauschaufgaben

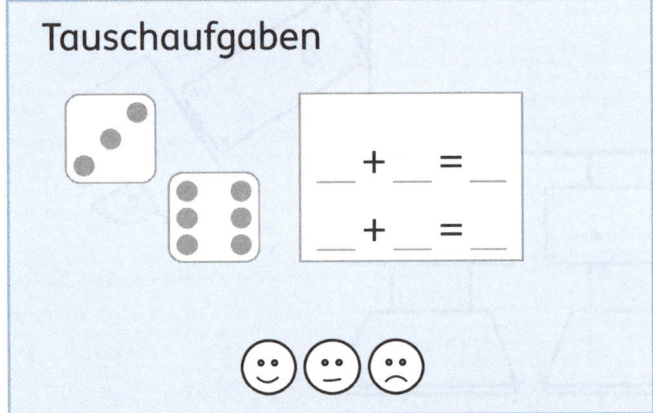

___ + ___ = ___

___ + ___ = ___

☺ ☻ ☹

Umkehraufgaben

___ − ___ = ___

___ + ___ = ___

☺ ☻ ☹

Toll, _____!